El Sutra de los Votos Pasados del Bodhisattva Ksitigarbha

El Sutra de los Votos Pasados del Bodhisattva Ksitigarbha

Karma y Renacimiento en el Budismo Mahayana

Maestro Myoren

Publicado por Hikari Publishing.

Impreso en los Estados Unidos por CreateSpace.

Primera Edición 2013.

ISBN-13: 978-1492118343

ISBN-10: 1492118346

Para el Bodhisattva Ksitigarbha, quien desde incontables eones, ha salvado innumerables seres de los Seis Reinos del Samsara, salvando a aquellos que más lo necesitan, de los caminos pecaminosos.

Respeto

Este es un Libro Sagrado. Es costumbre el tratar propiamente los libros que tengan que ver con el Dharma, o las enseñanzas Budistas, pues nos muestran el camino a no caer en los mundos bajos y nos enseña el camino fuera de los fuegos del Samsara.

Por eso, es tradición el no colocarlos en el piso, el no descuidarlos y el tratarlos con un alto respeto; no es bueno que los toquemos con las manos sucias.

Tabla de Contenido

PARTE II: EL BODHISATTVA KSITIGARBHA

PARTE III: EL SUTRA DE LOS VOTOS PASADOS DEL BODHISATTVA KSITIGARBHA

Prefacio

El Budismo es una religión con más de 2,500 años de existencia. Su fundador, el Buda Shakyamuni, fue un príncipe llamado Siddhartha Gautama. Habiendo crecido rodeado del lujo, fue criado lejos de la miseria, del sufrimiento, la enfermedad y la pobreza; los problemas que han aquejado a la humanidad desde tiempos inmemoriales.

Siendo un individuo introspectivo desde pequeño, Siddhartha comenzó poco a poco a cuestionarse el significado de la existencia, y sobretodo, comenzó a preguntarse que había fuera de las paredes del palacio imperial.

Cuenta la leyenda, que un día el joven Siddhartha se escapa de su palacio, a escondidas de su guardia real y de su padre, el Rey Suddhodana, y al llegar a la ciudad, se encontró con cuatro visiones que le cambiaron su manera de ver el mundo.

La primera visión, fue la de una persona enferma. Siddhartha, al no conocer personalmente que era la enfermedad, se angustio mucho al saber que la enfermedad era una parte normal de la vida.

La segunda visión, fue la de un anciano. Esto le angustió mucho, pues vió que el anciano no tenía fuerzas para caminar, que su espalda estaba encorvada y su piel arrugada. Se frustró mucho al saber que esta era la suerte de todos los que tenían la dicha de llegar a esta edad, siempre y cuando no fueran tocados por la tercera visión.

La tercera visión, y la que más le impactó, fue la de una procesión fúnebre. El joven Siddhartha se angustió mucho al saber que algún día, todos los seres que el quería, y él también, morirían.

Pero la cuarta visión fue la que le mostró el camino a seguir en su vida. Justo cuando se proponía regresar al palacio, se encontró con un hombre a orillas de la carretera, que poseyendo nada, parecía tenerlo todo. Con sus ropas azafrán y su cuenco, estaba sentado en posición de loto y absuelto en meditación.

Se le acercó al hombre y le preguntó sobre quién era y qué era lo que hacia. El hombre le contestó que era un mendicante y que había dejado todo atrás para encontrar su verdad, y escapar de los sufrimientos de la muerte, la enfermedad, vejez y del sufrimiento.

En ese instante, Siddhartha supo lo que debía de hacer. Llegó al palacio, y luego de despedirse de todos, mientras dormían, se alejó del palacio, se deshizo de todas sus joyas y ropas de seda, y se dedicó al camino de la mendicación.

Luego de seis años de mortificar su cuerpo, llegando a comer solo una vez al día, si algo, y de quemar su piel y agotar las fuerzas de su espíritu, supo que el ascetismo no era el camino para encontrar la verdad. Dejando el ascetismo a un lado, se sentó inmóvil bajo el árbol Bodhi, y al cabo de siete noches, alcanzó la iluminación, despertando a la verdadera naturaleza de la vida, el origen del sufrimiento, y demarcando un camino lógico y gradual que condujera al mismo estado que él había alcanzado.

Desde se entonces, se abrieron las puertas de la salvación para todos los seres en este mundo Saha. Durante cuarenta años, se dedicó a predicar la verdad que había conseguido, y hacerla accesible a todos los que la oyeran. Inicialmente modificó sus enseñanzas para que se ajustaran a los hábitos y circunstancias de los oyentes, pero poco a poco llegó a exponer toda la verdad de que había descubierto y cómo llegar a ella.

Finalmente, su vida llegó a un pacífico final; entre dos árboles, expuso nuevamente sus enseñanzas y contestó preguntas, pasando al Nirvana.

Posteriormente, sus enseñanzas fueron pasadas oralmente, hasta que finalmente se escribieron en hojas de palma y papiro, que atadas con un hilo, fueron dando coherencia a sus sermones y enseñanzas. Estas escrituras fueron llamadas Sutras, que significa hilo o cadena de coherencia.

Hoy día, se dice que existen 84,000 Sutras, cada uno expuesto para eliminar los 84,000 deseos y pecados del mundo. El Sutra de los Votos Pasados del Bodhisattva Ksitigarbha es uno de ellos. Expuesto por el Buda en el cielo Triyastrimsha para el beneficio de su madre y seres celestiales, el Sutra de Ksitigarbha es uno de los más leídos y queridos en Asia.

El Bodhisattva Ksitigarbha, o Jizo, como se le es más conocido en Japón, es uno de los Bodhisattvas principales del panteón del Budismo Mahayana. Sin embargo, es uno de los menos conocidos en Occidente. Este Sutra relata su vida, sus votos y qué hay que hacer para conectar con este maravilloso ser.

Espero que este Sutra te guste tanto como a mí, y que te ayude en tu diario vivir, sobretodo, que te calme tus dudas sobre qué hay más allá de esta vida, y qué debes de hacer para llevar, desde hoy, una vida digna, recta y en beneficio de todos los seres, para que tu próximo renacimiento sea uno mucho mejor.

Introducción

Jizo (Ksitigarbha en sánscrito) es un Bodhisattva iluminado, pero pospone su entrada al nirvana hasta que todos los seres estén libres de sufrimiento. Jizo es a menudo traducido como Vientre de la tierra (JI 地 significa tierra, mientras que Zo 藏 significa vientre, útero). Pero Zo puede traducirse igualmente por "almacén" o "repositorio de tesoros", por lo tanto Jizo se traduce a menudo como el Almacén de la Tierra o Tesoro de la Tierra.

Jizo aparece en numerosos textos del Mahayana. Uno de los más conocidos es el Sutra de los votos fundamentales del Bodhisattva Jizo, en el que se compromete a permanecer entre nosotros haciendo el bien y a ayudar e instruir a todos aquellos que giran una y otra vez en la rueda de los seis reinos de sufrimiento (samsara).

Jizo es el único Bodhisattva que es representado como un monje -cabeza rapada, sin adornos, sin atavío real, casi siempre vestido con la simple túnica de un monje (kesa). Encarna el supremo optimismo espiritual, la compasión y la salvación universal, todas ellas características del budismo Mahayana.

Este Bodhisattva es uno de los más queridos en China, Japón y Vietnam, teniendo cientos de templos y millones de seguidores.

Se cree que Ksitigarbha, quien aparece por primera vez en el Sutra de los Votos Pasados del Bodhisattva Ksitigarbha, es una invención china, pues el texto del Sutra no se puede encontrar en sanscrito, y el lenguaje y la terminología reflejan una fuerte génesis en el suelo chino.

Ksitigarbha es conocido por su promesa de asumir la responsabilidad de la instrucción de todos los seres en los Seis Mundos entre la muerte del Buda Shakyamuni y el surgimiento del Buda Maitreya, así como su promesa de no lograr la Budeidad hasta que todos los infiernos se vacíen. Está por lo tanto, a menudo considerado como el Bodhisattva de los seres infernales, así como el guardián de los niños y la deidad patrona de los niños fallecidos y fetos abortados en la cultura japonesa. Por lo general, es representado como un monje con un halo alrededor de su cabeza rapada, que lleva un bastón para forzar la apertura de las puertas del infierno y una joya que concede los deseos de iluminar la oscuridad.

Ksitigarbha es uno de los cuatro Bodhisattvas principales en Asia el Budismo Mahayana Oriente. Los otros son Samantabhadra, Manjushri, y Avalokiteshvara.

En las grutas dinastía pre-Tang en Dunhuang y Longmen, que se representa en una forma Bodhisattva clásica. Después de la dinastía Tang, se vio cada vez representado como un monje.

Su nombre completo en la escritura china es Dayuan Dizang Pusa, o el Bodhisattva Rey Dizang del Gran Voto, pronunciado como Dayuan Dizang Pusa en mandarín, Daigan Jizo Bosatsu en japonés, y Jijang Bosal en Coreano.

Esta es una referencia a su promesa, según consta en los Sutras, de asumir la responsabilidad para la instrucción de todos los seres en los Seis Mundos, en la época entre la muerte de Gautama Buda y el surgimiento de Buda Maitreya. Debido a este importante papel, santuarios a Ksitigarbha menudo ocupan un papel central en cualquier Templo Oriental de Budismo Mahayana, especialmente dentro de las salas de un monumento o mausoleo.

Este libro, presentara una breve descripción de este maravilloso Bodhisattva, su origen, iconografía y trabajos espirituales; también, incluye una traducción completa del Sutra de los Votos Pasados del Bodhisattva Ksitigarbha al castellano, presentada por primera vez al español, en un lenguaje devocional, moderno y no sectario.

Este Sutra fue traducido del ingles, basándome mayormente en la traducción hecha por el Buddhist Text Translation Society de 1982. Cualquier error en la traducción es completamente mío; pido mis más humildes disculpas al lector.

PARTE I

LAS ENSEÑANZAS DEL BUDA SHAKYAMUNI

Las Cuatro Nobles Verdades

El primer sermón que dio el Buda Shakyamuni, se centró en una de las enseñanzas que luego fueron, el eje central de toda la doctrina Budista primitiva, el sufrimiento. Esto se llamó las Cuatro Nobles Verdades, éstas son:

1. Existe el sufrimiento y es la condición de vida que prevalece en nuestras vidas.
2. El sufrimiento es causado por los deseos irreales y nuestra percepción errónea de la realidad.
3. Existe un camino que conduce al fin del sufrimiento.
4. El camino es el Dharma, y sus millones de manifestaciones practicas, de acuerdo a las capacidades y condiciones de los seres.

El Budismo, en sus inicios, fué una filosofía fría y pesimista, pero culmino siendo una de las filosofías que mas afirman el valor de la vida, y la constante búsqueda de la felicidad. Estas Cuatro Nobles Verdades fueron evolucionando, sobretodo en la escuela Mahayana, como veremos más adelante. La forma de escapar del sufrimiento de de la Rueda del Samsara se conoce como:

El Noble Sendero Óctuple

Este es el primer método que enseñó el Buda, luego de su Iluminación, pero subsiguientemente fue ampliado y adaptado. Su finalidad es el desarrollo y perfeccionamiento de los tres principios capitales del adiestramiento y disciplina budistas: La sabiduría (prajna), la conducta ética (sila) y la disciplina mental (samadhi).

1. La Sabiduría implica la Recta Comprensión y el Recto Pensamiento.

   a. La **Recta Comprensión** es la comprensión de las cuatro Nobles Verdades. Es la comprensión de la ley de la causalidad y de la impermanencia.

   b. El **Recto Pensamiento** es pensar con desapego, amor, renunciamiento y no violencia; esto es, con sabiduría. Es evitar pensamientos de apego, malevolencia, odio y violencia; esto es, evitando la ignorancia.

2. La Conducta ética implica: la Recta Palabra, la Recta Acción y los Rectos Medios de Vida. La conducta ética (sila) está basada en la vasta concepción del amor universal y la compasión hacia todos los seres vivientes, que constituye el fundamento de la enseñanza del Buda.

   a. La **Recta Palabra** es abstenerse de emplear formas de lenguaje erróneas y negativas, de hablar negligentemente, de mentir, difamar, calumniar o dañar a otros, y cultivar las palabras amistosas, benévolas, agradables, dulces, significativas y útiles.

b. La **Recta Acción** es cultivar una conducta moral honorable y pacífica, absteniéndose de matar, robar, relaciones sexuales ilegítimas y llevar a cabo tratos deshonestos.

c. Los **Rectos Medios** de vida es ganarse la vida de forma honorable, irreprochable e inofensiva, evitando cualquier profesión que pueda ser nociva de alguna manera para otros seres vivientes.

3. La disciplina mental incluye: el Recto Esfuerzo, la Recta Atención y la Recta Concentración.

d. El **Recto Esfuerzo** implica los cuatro siguientes esfuerzos: 1) Impedir el surtimiento de pensamientos malos. 2) Apartar los pensamientos malos ya surgidos en la mente. 3) Cultivar el surtimiento de los buenos pensamientos. 4) Mantener los buenos pensamientos ya surgidos. Cultivar con atención el Dharma.

e. La **Recta Atención** implica los Cuatro Estados de Atención Mental: 1) Prestar diligente atención al cuerpo. 2) Prestar diligente atención a las sensaciones y las emociones. 3) Prestar diligente atención a las actividades de la mente. 4) Prestar diligente atención a las ideas pensamientos, concepciones y cosas (dharmas).

f. La **Recta Concentración** es la disciplina que nos conduce a las cuatro etapas de Dhyana, o absorción, en la primera etapa se abandonan los deseos y pensamientos apasionados e impuros, en la segunda, ya desaparecidas las actividades mentales, se desarrolla la tranquilidad y la "fijación unificadora de la mente", en la tercera surge la ecuanimidad consciente y en la cuarta desaparecen todas las sensaciones, tanto de dicha como de desdicha, de alegría y de pesar, permaneciendo en un estado de ecuanimidad y lucidez mental.

Como podemos ver, el Buda divisó una práctica que era bien detallada y estructurada. La misma haría que un practicante, siguiendo los principios establecidos, pueda llegar a llevar una vida ética y moral, que expíe karma negativo, y genere mucho karma positivo, acumulando merito, y logrando renacimientos productivos para la cultivación del Camino Budista.

El Camino Medio

El Camino Medio o Camino Esencial es un término budista de abundantes connotaciones. A pesar de que la palabra significa una parte que está equidistante de los extremos de algo, en el Budismo, la expresión no implica una práctica religiosa pasiva ni mediocre, sino un esfuerzo comprometido y constante. En un sentido amplio, el Camino Medio se refiere a mantener una postura y perspectiva correctas de la vida basadas en las enseñanzas del Buda y la realización de actos que brindarán felicidad a uno y a los demás. En relación a esto, el Budismo es denominado frecuentemente el Camino Medio.

La vida de Shakyamuni da ejemplo de este pensamiento. Shakyamuni disfrutó desde su nacimiento de comodidades y placeres como príncipe. Sin embargo, no pudiendo sentir contento de tales banalidades se embarcó en la búsqueda de una verdad perdurable. Así durante un período realizó prácticas ascéticas rigurosas, tras lo cual, privado de comida y sueño, estuvo a punto de colapsar. Shakyamuni se dio cuenta de la futilidad de su intento y meditó para lograr comprender la verdad de la existencia humana. Gracias a ello, Shakyamuni logró despertar a la verdad de la naturaleza de la vida: a la eternidad de la vida y al hecho de que es una fuente infinita de vitalidad y sabiduría. Posteriormente, con la intensión de guiar a sus seguidores por el mismo Camino Medio, Shakyamuni predicó ocho principios, entre los que se encontraban el ejercicio de la conducta correcta y el discurso correcto, mediante el cual se controla el comportamiento y se desarrolla la consciencia verdadera.

A lo largo de la historia, numerosos estudiosos del Budismo han intentado esclarecer y definir la verdadera naturaleza de la vida. En el siglo III, Nagarjuna, un ilustre filósofo budista, expuso la teoría de la naturaleza de no sustancialidad del universo, que señala que nada es permanente, que todos los fenómenos de la vida están en constante cambio y no existe ningún fundamento inamovible de la realidad. De esta manera, Nagarjuna había tratado de brindar una interpretación de la perspectiva de la vida según el Camino Medio. Posteriormente, en el silgo VI, T"ien-t'ai, un eminente maestro chino budista, desarrolló la idea y explicó que todos los fenómenos son manifestaciones de una misma entidad: la entidad de la vida. T"ien-t'ai denominó Camino Medio a la entidad de la vida, y describió dos aspectos de ella: el aspecto físico y el aspecto no sustancial. Ignorar tales aspectos o enfatizarlos brinda una imagen distorsionada de la vida. En adición, T'"ien-t'ai señaló que lo físico y lo espiritual eran indivisibles, lo cual dio lugar al principio de la inseparabilidad entre el cuerpo y la mente y la indivisibilidad del sujeto y su entorno.

Un episodio de la vida del Buda sirve para arrojar más luz sobre este concepto. Una vez, un practicante allegado al Buda se encontraba constantemente agitado y frustrado por no poder lograr la concentración requerida ni poder poner en practica correctamente las enseñanzas de su maestro; este se encontraba bajo un árbol tratando de tocar un Sitar (instrumento de cuerdas hindú), a lo que el Buda se le acerco y le pregunto: "Si las cuerdas están muy rígidas y apretadas, ¿producirá el sonido deseado?". "No", respondió el estudiante. "Y si están muy sueltas, ¿producirán alguna buena melodía?". "No". "Asimismo, no puedes llegar a la práctica correcta si lo haces en algún extremo; no mortifiques tu cuerpo, no lo plazcas mucho. Sigue el camino del medio".

De acuerdo con el Budismo, los individuos y las sociedades en general tienen una tendencia ya sea hacia una visión predominantemente material o espiritual de la vida. Los efectos negativos del materialismo que penetra el moderno mundo industrializado son evidentes en todos los niveles de la sociedad, desde la destrucción ambiental hasta el empobrecimiento espiritual. Simplemente rechazar de inmediato el materialismo, sin embargo, no es otra cosa que idealismo o escapismo y socava nuestra capacidad para responder constructivamente a los desafíos de la vida. La práctica correcta se encuentra en el Camino del Medio.

Los Tres Tesoros

En el Budismo la persona realiza una interiorización llamada tomar refugio. Desde antiguo esto ha sido lo que ha definido a alguien para ser considerado un seguidor de las enseñanzas del Buda. Esta toma de refugio viene a significar que una vez la persona ha comprendido el sentido de liberación que subyace en este camino, asumirá que mientras dure su existencia - o incluso en otras si las hubiera - querrá permanecer vinculado para siempre a lo que se llama las Tres Joyas o los Tres Tesoros.

Al principio podemos empezar a relacionarnos con éstas Tres Joyas, como si fueran algo que existiese fuera de nosotros, pero poco a poco, en la medida en que nos vayamos familiarizando con la verdadera naturaleza de nuestra mente, éstas se van interiorizando en nosotros. De hecho, el propósito que tienen las Tres Joyas externas es introducirnos a las tres joyas que dentro de nuestra mente. Las Tres Joyas son:

1. El Buddha- los Buddhas y Bodhisattvas- El Buda más conocido es el Buda Shakyamuni, el príncipe iluminado de la India, de quien desciende el budismo como lo conocemos en este mundo. Pero existen millones de Buddhas y Bodhisattvas, algunos de ellos muy conocidos como Amida. En un primer nivel este Buda se refiere a Shakyamuni que vivió hace dos mil quinientos años. También se refiere al linaje de las enseñanzas de los maestros representantes del Buda mismo. Tomando refugio en el Buda, tomamos refugio en las excelentes cualidades que nos muestran los maestros: compasión, sabiduría y medios hábiles, que son las características esenciales de la mente despierta. Tomar refugio en el Buda es esencialmente tomar refugio en estas cualidades.

En un nivel más profundo, tomar refugio en el Buda es algo interno. El Buda Shakyamuni y los maestros de su linaje representan la potencialidad de nuestra mente. El tomar refugio en el Buda es comprometernos a alcanzar este estado, y haciendo esto nos abrimos, nos hacemos más receptivos a estas oleadas de inspiración de los seres iluminados. Estas oleadas son como los rayos de sol. Si nuestra mente es como una flor cerrada, es imposible que reciba los rayos del sol. Pero si nos hacemos receptivos, si la flor se abre, recibiremos entonces la inspiración de los seres iluminados. Este proceso de dirigir o enfocar la mente hacia la Iluminación es de una importancia extrema puesto que existen muchas fuerzas, tanto externas como internas, que distraen nuestra energía.

2. El Dharma- las enseñanzas. De forma externa, el Dharma son las enseñanzas encaminadas a disminuir la fuerza de las actitudes mentales negativas y aumentar las positivas. Interiormente, el refugio en el Dharma asegura el cese de todo sufrimiento a través de su puesta en práctica. Es por esto que el Dharma es el refugio último y supremo. Se refiere a todas las enseñanzas budistas.

3. El Sangha- la comunidad. Es la comunidad constituida por aquellos que están empeñados en el proceso como aquéllos que han sido ordenados, es decir los monjes y monjas que están viviendo el adiestramiento y la moralidad de un buda. Pero en un sentido más amplio, la sangha está constituida por todos los amigos espirituales. En ultimo, se refiere a todo el Universo y los seres que se encuentran en el.

Originación Interdependiente

¿Qué Shakyamuni alcanzó exactamente bajo el árbol Bodhi en Bodh Gaya? ¿Cuáles fueron las enseñanzas que pronunció entre el momento en que él dio su primera charla del Dharma en el Parque del Venado cerca de

Sarnath y el momento de su muerte, después de 45 años de su vida iluminada?

Se puede decir que la esencia del Buda Dharma es la Originación Interdependiente, también llamado pratitya-samutpada. Originación Interdependiente significa que las cosas surgen de las relaciones causales en las que las originan, por la interacción de causas y condiciones muy especificas, y se destruyen o desintegran cuando esas causas y condiciones dejan de existir. Todo nuestro mundo existe a través de las relaciones causales, no importa si estamos yendo o viniendo, riendo o llorando. Nuestra vida y la muerte son también en este ámbito producto de causas y condiciones.

Los Cuatro Sellos del Dharma

La teoría de las relaciones causales se explica más a través de los Cuatro Sellos del Dharma.

La primera marca es la impermanencia. A través de las relaciones causales, las cosas en este mundo van continuamente a través del ciclo de la creación y la destrucción, hacia el interior, así como hacia el exterior. Nuestro mundo está en constante transición. Por ejemplo, los jóvenes con el tiempo crecen, las poblaciones que ahora están floreciendo inevitablemente disminuirán. Tal transición se llama transitoriedad. En la filosofía budista, todas las cosas son impermanentes.

El segundo punto es no-yo o no-ser. Debido a las relaciones causales, todo está en un constante estado de transformación o cambio. Nada de lo que existe tiene una existencia permanente. Por lo tanto, no hay un yo inalterable ni permanente; ni nuestros pensamientos, ni cuerpos ni sentimientos tienen una existencia permanente.

La tercera marca del Dharma se llama sufrimiento. Dado a que el mundo está en constante cambio, el yo y todo lo que nos rodea tiene una existencia temporal y, por tanto, tienen limitaciones. Sin embargo, nos apegamos a este yo no permanente y mundano. El deseo de perseguir la permanencia continua, y con él, viene la incertidumbre y la insatisfacción de nunca encontrarla. Por eso decimos que la vida es sufrimiento, y todas las cosas son pasajeras. En términos generales, el sufrimiento es dividido en: sufrimiento mayor como la enfermedad y la vejez, y el sufrimiento menor, como conocer a alguien que no te gusta o no conseguir lo que queremos.

La cuarta característica es la paz y la tranquilidad. Como ya se ha dicho, el mundo se caracteriza por la impermanencia, el no-ser y el sufrimiento humano, pero los seres humanos siempre estamos tratando de encontrar la eternidad. Uno anhela una existencia permanente y si la vida no en va el camino que uno desea, se produce ira, miedo, resentimiento, ansiedad y sufrimiento. Estas emociones que contaminan o confunden se llaman kleshas (pasiones). El propósito del Buda Dharma es acabar con estos kleshas y entrar en un estado de tranquilidad apacible - para llegar a la iluminación. Este estado se llama nirvana.

Estas cuatro características son llamadas las cuatro grandes marcas del Buda Dharma. La inclusión de estas cuatro marcas en los textos budistas identifican las enseñanzas como expuestas por el Buda y cónsonas con el verdadero Dharma.

El Bodhisattva

La etimología de la palabra Bodhisattva proviene de las raíces sánscritas "bodhi" (iluminación) y "sattva" (ser), y se trata de un término que alude a un ser que aspira a lograr la Budeidad y realiza prácticas altruistas para alcanzar dicha meta. El Buda Shakyamuni era un Bodhisattva, antes de alcanzar la Iluminación; igualmente sucede con todos los Budas y Santos budistas.

De acuerdo al Budismo Mahayana, el Bodhisattva no busca únicamente alcanzar su propia iluminación, sino también guiar a otras a que logren la Budeidad. Es un individuo que se caracteriza por el amor compasivo y su participación afectiva de la realidad que aqueja a otros. Esto contrasta con el ideal Hinayana del Arhat.

El Sutra Vimalakirti contiene un pasaje que ilustra dicho tipo de empatía. Un laico budista de cualidades sobresalientes llamado Vimalakirti, practicante del camino del Bodhisattva, da razón de las causas de su enfermedad de la siguiente manera: "Porque todos los seres vivos padecen enfermedades, yo también estoy enfermo. Si todos los seres vivos se liberan de la enfermedad, también la mía sanará. ¿Por qué? Porque el Bodhisattva, en bien de los seres vivos, entra en el ámbito del nacimiento y la muerte, y porque se encuentra en el reino del nacimiento y la muerte, se expone a la enfermedad. Si los seres vivos pueden librarse de la enfermedad, también el Bodhisattva lo hará". Vimalakirti encarna el ideal del Bodhisattva laico, y ha sido un modelo a seguir por muchos practicantes en China y en Japón.

Los textos budistas señalan que los Bodhisattvas, comprometidos a guiar a las personas a la felicidad, formulan inicialmente cuatro votos o juramentos universales que consisten en: 1) salvar a innumerables seres vivos; 2) erradicar los incontables deseos mundanos; 3) dominar las incalculables enseñanzas budistas, y 4) lograr la iluminación suprema. Estos mismos son los votos que hacen miles de budistas diariamente n sus prácticas cotidianas.

Según la filosofía budista, el camino del Bodhisattva no es algo practicado únicamente por personas con dotes extraordinarias que exudan de una inhabitual misericordia o sabiduría; se trata más bien de una condición de vida inherente a todo ser humano común y corriente. Debido a ello, la práctica budista tiene como propósito cimentar dicho estado de vida para que se mantenga de manera natural como la base sólida del comportamiento humano.

Además de caracterizarse predominantemente por su amor compasivo, el Bodhisattva se distingue por la búsqueda de la sabiduría y su gran sentido de misión a desarrollarse, aprender y estudiar; pero su esfuerzo no va encaminado a adornarse de virtudes, sino a eliminar el sufrimiento de las personas y guiarlas hacia la felicidad.

Las Seis Perfecciones

En el Budismo, los Paramitas son virtudes o perfecciones que se deben cumplir para purificar el karma y vivir una vida sin obstrucciones en el camino al Bodhisattva (iluminación). Vienen a ser la versión Mahayana del Noble Sendero Óctuple. El término pāramitā o pāramī (sánscrito y pāli respectivamente) significa "perfecto" o "perfección".

En el Budismo Mahayana, el Sutra del Loto (Saddharmapundarika), el cual es considerado el mas grande Sermon pronunciado por el Buda Shakyamuni, enumera las Seis Perfecciones como (términos originales en sánscrito):

1. Dāna paramita: generosidad. En el budismo también se refiere a la práctica de cultivar la generosidad. En última instancia, la práctica de la generosidad culmina en una de las perfecciones (paramitas): dana-paramita, que se caracteriza por una generosidad incondicional y sin ningún sentimiento de apego.

La práctica de la generosidad lleva al renacimiento en condiciones felices y de riqueza material. Por el contrario, la falta de generosidad lleva a estados infelices y de pobreza.

La paradoja en el budismo es que cuanto más se da sin esperar nada a cambio, más rico (en el más amplio sentido de la palabra) "se es en el futuro", ya que practicando la generosidad se destruye los impulsos de codicia que posteriormente conducen al sufrimiento. Aunque la meta final de el Budismo no es ser rico, aun así, no todos los seres aspiran de primera instancia al a Iluminación, y el Budismo le provee un camino a una futura existencia, mas feliz.

2. Sīla paramita: virtud, moralidad, honestidad, conducta apropiada. Se refiere a la pureza moral de pensamiento, palabra y acto. Las cuatro condiciones de **śīla** son castidad, calma, silencio y apaciguamiento, es decir, no ser susceptible de ninguna perturbación producida por las pasiones.

Sīla se refiere a todos los principios del comportamiento ético. Hay varios niveles de sila, que corresponden a la 'moralidad básica' (Cinco Preceptos), 'moralidad de novicio' (Diez Preceptos) y 'moralidad monacal' (Vinaya or Patimokkha- 52 Preceptos).

3. Kshanti paramita: paciencia, tolerancia, receptividad. Kshanti es la práctica de ejercitar la paciencia hacia un comportamiento o situación que no la merece necesariamente. Se ve como elección consciente para dar paciencia como se da un regalo, más que como caer en un estado de opresión en el cual nos obliguemos a no actuar.

4. Vīrya paramita: energía, **esfuerzo**. El vīryabala ('viril-fuerza') es el recto esfuerzo necesario para alejarse de los factores mentales incorrectos que no llevan al dhyāna. En la ausencia de estos esfuerzos sostenidos al practicar la meditación, las ansias influyen negativamente en el meditador.

5. Dhyāna paramita: concentración, contemplación. Meditación, en sus múltiples manifestaciones: Sentada tipo Zen, mantra, etc.

6. Prajñā paramita: sabiduría. En budismo, se refiere especialmente a la sabiduría basada en la realización directa de las Cuatro Nobles Verdades, anicca (impermanencia), surgimiento dependiente, anatta (insustancialidad), Śūnyatā (vacío), etc.

Prajñā es la sabiduría que es capaz de extinguir las klesha (aflicciones) y ocasionar la iluminación.

El Vacio

Uno de los conceptos más avanzados en el Budismo, es el Vacio; también es uno de los más malinterpretados, incluso por eminentes maestros budistas, sobretodo en Occidente.

Shunyata, o vacio, significa que no hay nada que posea una esencia individual y, por tanto, que todo está vacío, sin una realidad independiente. Todo lo que existe está relacionado y es interdependiente, y la aparente pluralidad de individualidades es un carácter ilusorio de nuestra existencia.

Esta ignorancia (avidia) de la verdadera naturaleza de la realidad es, por tanto, no experimentar shunyata como la verdadera naturaleza de la misma. Cuando esto es posible, es precisamente lo que se llama el "despertar o iluminación" en el Budismo.

Cabe destacar que el concepto de shunyata nunca implica que la realidad no exista, ni equivale al cero (aunque en la India la idea del cero parte de la idea de la shunya) o a una ausencia total. No es sinónimo de nihilismo. Contrariamente sugiere una realidad última, que no puede clasificarse en las categorías de la lógica. Esto es bien importante recordarlo, pues si no lo tienes en mente mientras sigues leyendo, es bien fácil caer en el error de pensar que equivale a cero, y que el Vacio es algo así como un gran hoyo negro.

Este concepto fue desarrollado filosóficamente a partir de la noción de la no existencia de individualidad (anātman) y la explicación del surgimiento dependiente (pratitya-samutpada). Es una pieza central de toda la filosofía budista, de manera que toda enseñanza sobre la naturaleza de la realidad se desarrollará a fin de ayudar a comprender qué es esa vacuidad. Este concepto no existe en el Budismo Hinayana, y surge para explicar la verdadera naturaleza de la realidad, a partir de las enseñanzas del mismo Buda, quien no abordo la razón de sus predicamentos en sus primeros Sutras.

Los Tres Cuerpos del Buda

El Buda, en los niveles avanzados, se denomina como poseedor de tres cuerpos. Como explica en concreto el Budismo, estos tres cuerpos o "kayas" se denominan respectivamente, **Dharmakaya**, **Sambhogakaya**, y **Nirmanakaya**, los dos primeros representando distintos estados de existencia del Ser, y el último de ellos manifestándose de forma densa en el plano físico. En un sentido más práctico, Dharmakaya se identifica con la mente propia, Sambhogakaya, con la expresión tangible del contenido de la mente, y Nirmanakaya, con el vehículo físico, es decir, con el cuerpo material.

No obstante, es necesario tener presente que estos tres cuerpos o "kayas" no se refieren en modo alguno a tres entidades distintas, sino a dos planos de existencia, el más sutil (Dharmakaya, Sambhogakaya), carente de forma, y el plano material (Nirmanakaya). En este sentido, los dos primeros cuerpos, imperecederos y por tanto sin referencias temporales, se hallan siempre presentes en todos los seres como instrumentos de desarrollo que conducen hasta el logro de la iluminación.

Sin embargo, el cuerpo de Buda se expresa sólo a través de los cuerpos de Sambhogakaya y Nirmanakaya, el primero de los cuales es indestructible, mientras que el segundo desparece en el momento en el que Buda se desprende de su cuerpo físico. Asimismo, estos dos aspectos de Sambhogakaya y Nirmanakaya son los motores de la compasión universal, ya que, cuando se alcanza la iluminación, surge la motivación Bodhiçitta. Este principio hace surgir la inclinación natural por tratar de conseguir la erradicación del Sufrimiento del Samsara y, por tanto, de conducir al resto de los seres sintientes a la comprensión del fenómeno físico y mental y de esta forma al logro del estado de emancipación definitiva. Por el contrario, el cuerpo Dharmakaya constituye el aspecto no nacido y de esta forma trasciende a la propia existencia, siendo la fuente de Sambhogakaya y Nirmanakaya y así de la propia naturaleza de Buda.

Teniendo en cuenta todo esto, no es posible comprender el significado de estos cuerpos de forma independiente, puesto que los tres se hallan estrechamente vinculados entre sí, siendo intrínsecos los unos en los otros.

El Dharmakaya

Dharmakaya no es en sí mismo un estado vinculado a las nociones de ignorancia o sabiduría, sino que es lo que original y espontáneamente antecede a estas nociones. De hecho, Dharmakaya es en sí mismo anterior a cualquier dualidad conceptual corrompida por emociones o nociones confusas, creadas por la cognición mental. Por ello puede afirmarse que se halla más allá de la mente y el pensamiento. En este sentido, el concepto Dharmakaya trasciende cualquier proceso de experiencia y cualquier atributo, ya que se encuentra al margen de condicionamientos de cualquier tipo, tanto positivos, como negativos, siendo la Conciencia misma, consciente de sí misma, siempre existente y plena de bienaventuranza. En Dharmakaya no tienen por tanto cabida los términos de esclavitud (samsara) o liberación (nirvana).

Como aspecto no originado e inextinguible, Dharmakaya se halla siempre presente en todo momento y en todo lugar, no pudiendo ser conocido, sino sólo reconocido a través de la investigación sobre el propio Ser. Por todo ello, no puede estar nunca limitado por las circunstancias de tiempo o espacio, ni puede sufrir cambio alguno en su naturaleza y significado, ya que es absoluto. En este sentido, Dharmakaya, más allá de cualquier realización, carece de definición, aunque se define por su pureza primordial, incorruptible por el efecto turbulento de las impresiones mentales y de las pasiones, cuya naturaleza es destructiva.

Dharmakaya no contiene en sí mismo diferenciación alguna, y es la base o matriz de cualquier experiencia. Es el sustrato de todo fenómeno manifiesto y de todo ser sintiente, tenga éste tendencias divinas o demoníacas, ya que no se halla limitado por la ley de causa y efecto, aunque es lo que pone en funcionamiento el devenir existencial, con todas sus complejidades, multiplicidades y contradicciones. En conclusión, puede decirse que Dharmakaya es todo cuanto existe y al mismo tiempo es nada.

En consecuencia, por sí mismo, Dharmakaya no constituye un vehiculo de acción o un medio para el logro de la realización interna, pero es la base raíz de los aspectos determinados de Sambhogakaya y Nirmanakaya.

El Buddha MahaVairocana (Danichi Nyorai) es un ejemplo de un Buddha en Dhramakaya.

El Sambhogakaya

Las enseñanzas de Sambhogakaya no pertenecen a ningún maestro en particular ni a ninguna tradición en general y por ello tampoco puede incluso decirse que son propiamente Budistas. El significado de Sambhogakaya es manifiesto desde el principio de los tiempos, evidente y expreso en el momento presente, y con perduración por siempre. Es un cuerpo de verdad inmutable e indestructible, incondicionado por contextos de espacio y tiempo, y en contacto permanente e intrínseco con la realidad. Representa la propia vacuidad, entendida ésta, no como una negación de lo existente, sino como un espacio de conciencia trascendente que abarca todas las apariencias. En relación a esto, en Sambhogakaya se hallan inseparablemente unidos los principios masculino y femenino, trascendiéndolos como dualidad y dando con ello lugar al surgimiento del conocimiento último.

A diferencia de Dharmakaya, que en sí mismo no constituye una herramienta para el trabajo espiritual, Sambhogakaya sí es un vehículo de acción, ya que representa la capacidad de la comunicación, tanto verbal como no verbal. En relación a esto, Sambhogakaya constituye una manifestación determinada, es decir, un "cuerpo de forma" que se expresa de maneras distintas, permitiendo la comprensión de las enseñanzas y su consecuente realización interna.

Dada su elevada vibración, el Sambhogakaya sólo puede percibirse de forma clara cuando la mente ha quedado purificada de todo condicionamiento limitante impuesto por la conceptualización dual. Esto también implica haber quedado libre de todo deseo, incluyendo el de desarrollar poderes suprasensoriales (siddhis) que no tengan como motivación la búsqueda del beneficio para los demás seres.

Sambhogakaya está definido por la insustancialidad, es decir, por carecer de existencia concretizada, así como por la compasión infinita hacia todos los seres y por la no-cesación, lo que significa que su significado está siempre presente. Su plena realización conlleva distintas clases de enriquecimientos.

Por una parte, supone el poder de enriquecimiento del cuerpo o fenómeno material a través de la adquisición y desarrollo de innumerables cualidades de carácter positivo, logrando el control sobre las fuerzas de la naturaleza. Por otra, la realización de Sambhogakaya aumenta y depura la capacidad comunicativa, perfeccionando el uso de la palabra. Con ello, y de forma paralela, se integran y potencian todas las aptitudes de tipo cognitivo, ya que la palabra es la base de los procesos de pensamiento. Sin embargo, el alcance de Sambhogakaya es de tal magnitud que, en su expansión de las capacidades expresivas, también incluye el impulso de la comunicación a través de medios no verbales, como los símbolos, la telepatía, la clarividencia, el poder del silencio o la intuición.

Asimismo, la comprensión profunda y trascendente del aspecto Sambhogakaya estimula la fuerza motora de la acción, que se vuelve constante y queda reorientada hacia el logro desinteresado del beneficio para los demás seres.

El Buda Amida es un ejemplo de un Buda en Sambhogakaya.

El Nirmanakaya

Nirmanakaya es el aspecto del vehículo físico de las enseñanzas de Buda, impartidas a través del lenguaje concreto, a través de iconos específicos y a través del cuerpo de los seres que han alcanzado cualquier grado de iluminación.

En el caso de la manifestación por medio del los símbolos concretos y literales de las palabras, Nirmanakaya resulta de un valor incalculable para la transmisión efectiva de las enseñanzas de Buda a todos los seres, haciendo comprensible desde el punto de vista cognitivo los principios esenciales del Dharma. Estos principios toman materialidad en la forma de las Escrituras, que pueden así ser seguidas y estudiadas para el beneficio de todos. Es por ello que los seres que han alcanzado la realización pueden comunicar la Verdad Absoluta gracias al aspecto Nirmanakaya.

A través de los iconos específicos, como pueden ser las imágenes sagradas y los objetos religiosos, incluidas las reliquias, el aspecto Nirmanakaya permite entrar en contacto directo con las enseñanzas del Dharma mediante el establecimiento de vínculos devocionales. Estos iconos de culto constituyen en sí mismos una manifestación material del significado de la Sabiduría primordial, aunque su profunda comprensión dependerá del nivel de consciencia personal de aquel que los venere.

Respecto a la expresión de Nirmanakaya mediante

el cuerpo físico de los seres realizados, éstos adquieren la plena capacidad de servir de vehículo viviente del Dharma, asistiendo y protegiendo a todos los seres sintientes en su camino de maduración espiritual, hasta que logren la completa emancipación del ciclo de nacimientos y muertes.

Sin embargo, la manifestación de la compasión mostrada en el aspecto Nirmanakaya llega a su fin con la extinción temporal del vehículo físico de donde emana, mientras que en la realización de Sambhogakaya la compasión y la expresión del Dharma son perennes y están siempre presentes.

El Buda Shakyamuni es un ejemplo de un Buda en Nirmanakaya.

Los Preceptos

Es costumbre que al comenzar una persona a practicar el Budismo, tome refugio en las Tres Joyas, y se adhiera a una serie de Preceptos. Los primeros cinco de esta lista conforman los preceptos laicos, y los diez los del monje. Los practicantes del camino del Bodhisattva siguen una serie de 52 preceptos, que incluyen los mencionados abajo. Estos son enumerados en el Sutra de la Red de Brahma.

1. No quitar la vida a ningún ser ni hacerle daño.
2. No robar.

3. No cometer malos actos sexuales.
4. No tomar drogas ni sustancias intoxicantes que nublan la mente.
5. No mentir ni engañar.
6. No murmurar acerca de la mala conducta de otros.
7. No alabarse uno mismo haciendo de menos a los demás.
8. No ser cicateros con los objetos espirituales ni materiales.
9. No ser agresivos.
10. No difamar las Tres Joyas (el Buda, el Dharma y el Sangha).

Karma y Renacimiento

La doctrina budista del karma ("obras", "acciones"), y la doctrina de la reencarnación están estrechamente relacionados, y son quizás los más conocidos, y a menudo los menos entendidos, de las doctrinas budistas. El asunto se complica por el hecho de que las otras tradiciones religiosas indias como el hinduismo y el jainismo tienen sus propias teorías sobre el Karma y la Reencarnación. De hecho, las versiones hindúes son más conocidas en Occidente. La teoría budista del karma y el renacimiento son muy diferentes del resto de sus homólogos de la India.

En el Budismo, la ley del karma es la ley moral de la causalidad - buenas acciones dan buenos resultados, y viceversa. Es la calidad de un acto el que determina sus consecuencias.

En el hinduismo, es la correcta realización del "deber" de una persona, especialmente sus deberes de casta, lo que cuenta. El Budismo temprano, que no reconocía las distinciones de casta, evalúa la calidad kármica de un acto en términos de criterios morales y éticos. En concreto, se trata de los factores mentales que acompañan a la comisión de un hecho lo que determina sus consecuencias o "frutos" (vipaka). Todos karma negativo (es decir, los que conducen a malas consecuencias) surgen de las tres raíces, llamadas en el Budismo, los Tres Venenos. Se trata de la codicia (lobha), la aversión (dosa) y la ignorancia (moha). En consecuencia, los buenos resultados kármicos siguen de obras que nacen de la generosidad (caga), la bondad amorosa (metta) y la sabiduría (vijja). El Buda hizo hincapié en que se trata de los factores mentales implicados, en lugar de los propios actos, lo que determina las consecuencias futuras. Así, un acto cometido con diferentes factores mentales tendrá diferentes consecuencias. Asimismo hechos puramente accidentales pueden tener consecuencias neutras, sin embargo, si el accidente ocurrió debido a insuficiente atención por parte de un individuo, podría tener consecuencias desfavorables para la persona responsable del mismo.

La teoría del karma presupone que los individuos tienen "libre albedrío". Todo lo que le sucede a una persona no es necesariamente el fruto de algún karma pasado. De hecho, las experiencias de un individuo puede ser de tres tipos: algunas son el resultado de una acción pasada, algunos son actos libres, y el resto podría ser debido a factores aleatorios que operan en el medio ambiente. La doctrina del karma no es una teoría de la predestinación de ningún tipo. Un error común es no distinguir entre la acción y sus resultados - entre karma y vipaka. También hay que mencionar que la fructificación de un acto puede ser aplazado, y que es posible alcanzar la iluminación - el objetivo de la senda del Buda - antes de que todos los karmas anteriores han dado sus resultados y hayan sido eliminados.

La teoría budista del renacimiento afirma que los frutos de algunos karmas pueden manifestarse en "vidas futuras". Conceptos similares se producen en otros sistemas religiosos - por ejemplo, la teoría platónica de la "pre-existencia del alma" y la teoría hindú Jainista de la reencarnación. Estas teorías de la reencarnación implica la trasmigración del alma. En el Budismo, sin embargo, es el madurar kármico el que actúa luego de la muerte de un individuo la que condiciona un nuevo nacimiento. El último momento de conciencia también es también un factor condicionante, pero es el cumulo de karma sin madurar generado por actos volitivos (los sankharas) de existencias anteriores los que generan el destino del nuevo individuo. Un individuo recién nacido necesita no sólo el mapa genético derivado de los genes de los padres naturales, sino también un modelo kármico derivado de los actos volitivos de una persona fallecida.

La cuestión se ha planteado si el nuevo individuo es el mismo que el viejo individuo cuyo karma ha heredado. La respuesta del Buda a esta pregunta fue un tanto enigmática: "No es lo mismo, sin embargo, no es otra cosa". Para entender la respuesta del Buda tenemos que investigar los criterios que establecen la identidad personal.

¿Es el niño el mismo que el adulto en el que se convierte más tarde? En el sentido budista, estamos haciendo dos observaciones en dos puntos de tiempo de una entidad psico-física que cambia constantemente. Para los efectos legales y convencionales, se utilizan algunos criterios arbitrarios, tales como la continuidad física con el tiempo, o la retención de la memoria. Estos definen sólo a una persona convencional. Así, una persona convencional, es una "ficción" que dura continuamente desde el nacimiento hasta la muerte. En la visión budista del renacimiento, los únicos vínculos entre dos vidas sucesivas es el residuo kármico prorrogados y de un elemento de la consciencia, llamada conciencia re-vinculación (paisandhi vinnana), que une momentáneamente las dos vidas.

En el Budismo no existe el concepto de un alma que transmigra y que habita en cuerpos materiales sucesivamente hasta que se une con Dios, como existe en el hinduismo y otras religiones.

El Budismo utiliza el término Samsara, que significa "ronda o rueda de nacimientos" en varios planos de existencia que se rigen por la ley del karma. La aceptación de la validez de la hipótesis del Samsara es muy difícil para algunas personas, mientras que para otros es la más natural de las hipótesis. En el Culakammavibhanga Sutta, el Buddha se preguntó: "¿Cuál es la razón y la causa de la desigualdad entre los seres humanos a pesar de ser humanos?" (El contexto de lo que es claro que es la desigualdad en el nacimiento que se entiende). El Buda respondió: "Los seres heredan su karma, y es el karma que divide a los seres en términos de la desigualdad".

Cierto apoyo a la teoría de la reencarnación o del renacimiento, viene de los informes de los recuerdos de vidas pasadas, ya sea de forma espontánea o bajo hipnosis, que se han registrado en todas las partes del mundo. Si bien muchos de estos informes pueden ser fraudulentos, algunos son, sin duda, auténticos. De acuerdo con las personas, el Budismo puede desarrollar el poder de la "retro-cognición" (es decir, la capacidad de recordar vidas pasadas), pero el desarrollo de este tipo de poderes sobrenaturales suele ser un producto derivado del avanzar en el camino espiritual a la iluminación. Puede ser posible que algunos factores kármicos puedan predisponer a algunos individuos a tales experiencias. Sin embargo, la experimentación parapsicológica se encuentra todavía en sus primeras etapas, y muchas personas no tienen ningún recuerdo personal de sus propias vidas anteriores.

Los principios fundamentales del Budismo pueden carecer de relación con las teorías abstractas sobre el renacimiento o el karma, pero si son puestas en practica, pueder dar una nueva interpretación de la experiencia humana, que está al alcance de toda persona para su verificación. El Samsara budista se ve en cada momento de la existencia, así como todo el "ciclo de los nacimientos".

Transmigración y la Rueda del Samsara

En la cosmovisión budista, no hay nada aparte del ciclo de renacimiento, incluyendo las leyes físicas del universo. Por ejemplo, el ciclo del renacimiento conduce a que subamos a los distintos reinos altos o bajemos a los reinos bajos de la existencia. La vida y la muerte de un ser humano individual es también parte del ciclo del renacimiento.

Sin embargo, los cambios en el mundo natural son también manifestaciones de la doctrina del renacimiento, como el ciclo de las cuatro estaciones, el pasar del tiempo en el pasado al presente y el futuro, y el ciclo de día y noche. Cuando cambiamos de dirección o nos movemos de un lugar a otro, esto es renacimiento espacial.

En resumen, todo lo que nos rodea es el resultado de la regeneración. El viento sopla y reúne las nubes, las nubes pasan a convertirse en lluvia, que cae luego al suelo. La lluvia se evapora en el suelo y regresan al cielo y se convierten de nuevo en nubes.

Este proceso continuo del ciclo del agua es una forma de renacimiento. Cuando un automóvil quema gasolina, se genera energía y produce dióxido de carbono.

El dióxido de carbono es absorbido por las plantas. Cuando las plantas mueren, se descomponen y se convierten en aceite natural, la cual se acumula en depósitos muchos años más tarde. Esta es otra forma de renacimiento. Una luz se puede encender, apagar y encender. Esto es una forma de renacimiento también.

La rueda del renacimiento no sólo se encuentra en los cambios en el universo, también es evidente en los numerosos cambios que se experimentan durante la vida de uno, desde que uno nace hasta que muere. De acuerdo a la investigación científica, no hay una sola célula en el cuerpo humano que permanece durante más de siete años. Es decir, nuestro cuerpo está totalmente renovado cada siete años. La estructura celular, la percepción y la cognición de todos los seres vivos, desde los organismos simples a los seres humanos avanzados, están en constante movimiento, cambiando, viviendo y muriendo. Experimentamos estos constantes cambios en el cuerpo como el nacimiento, la vejez, la enfermedad y la muerte; y en la mente a medida que surgen, y cesan los pensamientos, son también parte de la rueda del renacimiento. Los cambios en nuestro bienestar económico y los altibajos de nuestras emociones también son ejemplos del ciclo de la reencarnación.

De todos los ejemplos anteriores de renacimiento, el que debemos entender a fondo en el Budismo es la rueda del renacimiento dentro de los Seis Reinos de la existencia.

El Budismo enseña la posibilidad del renacimiento no sólo como seres humanos y animales, sino también como fantasmas, que son muertos con ansias fuertes o demonios con una gran cantidad de ira. También hay numerosos infiernos y cielos en que los seres pueden renacer. A causa del karma, la fuerza generada por las acciones y los pensamientos, se forma el ciclo de causa y efecto en el arroyo sin principio ni fin de la vida, dando lugar a la manifestación de las seis formas de vida variantes: los seres celestiales, los asuras, los seres humanos, los fantasmas, los animales y los seres infernales. En el Budismo, esto se conoce como la "rueda de renacimiento en los seis reinos de la existencia."

Negar la existencia del renacimiento no refuta las creencias de los demás, pero sólo reduce el ámbito de sus propias vidas. Si no existiera el renacimiento, no habría vidas pasadas y, por otra parte, no habría vidas futuras. Sin vida futura, la existencia sería corta y sin esperanza, y la visión de la vida sería triste e incierta. Cuando se enfrentan a mayores contratiempos, algunas personas se animan a sí mismos diciendo: "Todo va a estar bien. Sólo tengo que esperar y ver que voy a estar haciendo dentro de diez años". La doctrina del renacimiento ofrece vivir nuestras vidas con flexibilidad, de manera que nuestros deseos no cumplidos puedan algún día llegar a un buen término.

El renacimiento, sin embargo, no es sólo una teoría religiosa, ni es simplemente un escape o una muleta psicológica para hacerle frente a la certeza de la muerte. Es una ciencia espiritual que explica nuestra existencia en el pasado y en el futuro. Debemos desarrollar un profundo conocimiento del renacimiento, no porque se espera que haya que hacerlo en el Budismo, sino porque esta comprensión puede ayudarnos a examinar nuestra vida de una manera más inteligente.

El valor de comprender el Renacimiento

¿Qué valor la comprensión del renacimiento puede traer a nuestras vidas? Cuando entendemos el renacimiento, sabemos que nuestra existencia tiene continuidad; la vida ya no se limita a un corto espacio de cien años. Con el renacimiento, la vida es ilimitada en esperanza y posibilidades. Dentro del ciclo del renacimiento, la muerte es el comienzo de otra existencia. El nacimiento y la muerte, la muerte y el nacimiento: la existencia continúa sin interrupciones y las posibilidades son infinitas. Así como cuando una lámpara de aceite está a punto de agotarse, su llama se puede utilizar para iluminar otra lámpara.

El renacimiento es así: cuando una de nuestras "lámparas" ha sido utilizada por completo, empezamos de nuevo, y así, una a una, nuestras lámparas serán capaces de disipar la oscuridad.

A medida que avanzamos a través del ciclo de renacimiento en los seis reinos de la existencia, nuestro cuerpo puede asumir muchas formas. Mientras que las formas son diferentes, la llama de la vida es inextinguible y la lámpara de la sabiduría nunca deja de arder. El renacimiento permite que nuestras vidas sean como el universo en constante cambio: hemos existido desde el principio hasta ahora, que persiste por diez mil kalpas, pero siempre somos renovados.

Debido al renacer, todos somos capaces de transmitir nuestra experiencia y sabiduría, nuestra historia y patrimonio a la siguiente generación. Si no transmitimos nuestro patrimonio cultural, nuestros esfuerzos serán inútiles. Se dice que todos somos iguales ante la ley, pero todavía hay algunas personas que luchan por lograr recibir un tratamiento favorable. Por el contrario, el Budismo enseña que el ciclo de renacimiento trata a todos por igual. Independientemente de tu raza, color, genero o preferencia sexual. No importa si se trata de un noble o un plebeyo, todo el mundo está sujeto al ciclo de renacimiento. El tiempo es el juez más objetivo. El nacimiento, la vejez, la enfermedad y la muerte son el jurado más imparcial. Ni el rey ni Yama ni Dios tiene el control de los efectos kármicos o del renacimiento, pues éstos son determinados por el pasado de cada ser individual y sus obras. Cuando las condiciones son adecuadas, el karma que se ha almacenado se manifiesta como diferentes tipos de dolores o sensaciones agradables, estos son sus efectos kármicos.

Las circunstancias de nuestro renacimiento, ya sea que seamos inteligentes o estúpidos, ricos o pobres, son todos productos de nuestras acciones pasadas. La doctrina del renacimiento significa que somos libres de las manos de un poder divino, porque es nuestro propio karma el que controla el renacimiento. Somos nuestros propios amos. Desde este punto de vista, siendo cada uno de nosotros libres e iguales, nuestra felicidad y fortuna son los productos de nuestra propia obra, al igual que la miseria y la tragedia. Un creador no puede protegernos de las consecuencias de nuestros errores, y no puede quitarnos el mérito tampoco. Con el karma y el renacimiento, no hay tal cosa como la suerte. Somos los creadores de nuestro propio destino.

La vida humana es como una rueda que gira, para siempre seguir adelante, vida tras vida, para que nuestra vida esté siempre fresca. Nuestro mal karma también trae malas consecuencias. Sólo si nos arrepentimos y nos reformamos, es que nuestro karma negativo puede ser eliminado. Así, el renacimiento puede darnos esperanza sin límites. Aunque el frío invierno puede ser largo, la cálida primavera vendrá un día.

El renacimiento no es una cuestión de debate retórico o una cuestión de si creemos o no. Aunque obstinadamente muchos se niegan a creer en el renacimiento, si examinamos todos los fenómenos de la sociedad, la naturaleza, el universo, e incluso entre tú y yo, todo gira dentro del remolino del ciclo del renacimiento. Por lo tanto, el enfoque más prudente es entender el renacimiento, para en última instancia, trascender el renacimiento mediante la transformación de la rueda del renacimiento por medio del Dharma de los Budas y Bodhisattvas. Ese es el enfoque más sabio.

Si el renacimiento existe, ¿por qué la mayoría de la gente no recuerda nada de sus vidas pasadas?

Muchas culturas que creen en la reencarnación tienen su propia explicación. En el folklore chino, se die que antes de que se renace, uno tiene que beber un brebaje que borra toda la memoria de la vida anterior. Platón creía que el alma, y que en su viaje de renacimiento, se tenia que cruzar primero un desierto muy caliente y árido antes de llegar a un río de agua fría corriente, con una sed que era simplemente insoportable, donde uno luego tenia que tomar de el agua de un rio que borraba todos los retazos de la memoria de la vida anterior.

El Budismo enseña que la gente pierde la memoria de su vida anterior, debido a la confusión que las personas sufren entre una vida y la siguiente. Después de que uno muere, antes de renacer en la próxima vida, uno pasa a través de una etapa intermedia de existencia (llamado por algunas escuelas budistas como "Bardo"). Los seres en este estado intermedio de existencia poseen todos los seis sentidos y se asemejan a un niño tres pies de altura. Ellos tienen el poder de atravesar paredes y viajar sin esfuerzo a velocidades increíbles, excepto que no pueden pasar por el vientre de una madre. En este estado, viven y mueren en siete días. Después de la muerte, es que se puede renacer de nuevo.

Seres en esta etapa intermedia pueden vivir como máximo siete períodos de siete días para un total de cuarenta y nueve días. Algunos sólo pueden vivir durante dos o tres periodos de días. Al final de esta etapa, el ser pasa a renacer en uno de los seis reinos de la existencia. Es durante esta etapa intermedia que nos olvidamos de nuestras anteriores vidas, y ya no somos capaces de recordar la vida en los otros reinos. Algunas personas pueden pensar que esto es una lamentable situación. Después de todo, ¿no sería maravilloso el tener la capacidad de conocer nuestras vidas pasadas y futuras, y no estar sujeto a la confusión en cada renacimiento?

Pero, ¿este tipo de poder puede hacernos felices? ¿Crees que es agradable recordar que fuiste una vaca o un cerdo en una vida anterior? O si se pudiera saber el futuro y ver que sólo tenías tres años más para vivir, ¿seguiría siendo posible vivir una vida sin preocupaciones? Si uno puede leer la mente de los demás y saber que las sonrisas de los demás no son más que fachadas de malas intenciones, ¿te sentirías herido y enojado? Sin tales poderes sobrenaturales cada día es un buen día, y en todas partes es un buen lugar.

Es por eso que la vida y el universo operan en este orden y manera, con todo en su lugar y como debe ser. Puede que nos hayamos olvidado de nuestras vidas anteriores, pero del mismo modo, tenemos un nuevo cuerpo sin todas las experiencias desagradables del pasado. ¿No es una cosa maravillosa también?

Los Cinco Agregados y el Renacimiento

Una de las enseñanzas fundamentales del Budismo es que todos los fenómenos carecen de un "yo" independiente. Si este es el caso, ¿cómo es posible el renacimiento? ¿No es esto una contradicción? "No yo" no es una negación de la vida. Simplemente significa que nuestro cuerpo físico es sólo una combinación temporal de los cinco agregados de: forma, sensación, percepción, formaciones mentales y conciencia; y los cuatro grandes elementos: tierra, agua, fuego y viento. Existe porque las causas y las condiciones adecuadas se han unido, y no puede existir si una de estas partes está ausente.

Debido a que todas las cosas llegan a ser debido a una combinación de causas y condiciones, no hay ninguna parte, con un "yo", que puede existir aparte del resto. Este concepto se denomina "no-yo." La doctrina del no-yo y la doctrina de la reencarnación no son contradictorias. Por ejemplo, el oro puede ser moldeado en anillos, pendientes o pulseras. Las formas pueden variar, pero la naturaleza de oro sigue sin cambios. Sucede de la misma manera con nuestra existencia. En un perpetuo flujo a través de la rueda del renacimiento, que vaga entre los reinos del cielo y de la tierra. En una vida puede ser nombrada Henry, y en otra Jack, o podemos renacer como un burro en una vida y un caballo de la siguiente. Lo que viaja dentro del ciclo del renacimiento no es el cuerpo físico, sino que es el ser en el cuerpo físico el que renace.

Si no es el cuerpo físico lo que renace, como se mencionó anteriormente, ¿Qué es lo que renace? En el Budismo, el núcleo de lo que renace se llama la conciencia Alaya. Esta conciencia es la base de la vida. Cuándo la conciencia Alaya entra en contacto con diferentes condiciones y fenómenos, da a lugar a diversas formaciones y acciones mentales, creando karma. Estas semillas kármicas se almacenan dentro de la conciencia Alaya como si se tratara de un gran almacén. La abundancia relativa del karma saludable o perjudicial en este almacén gigante determina entonces la dirección del siguiente renacimiento. Cuando un ser muere, la conciencia Alaya es lo último en abandonar el cuerpo, y cuando un ser renace, la conciencia Alaya es lo primero en llegar en el próximo cuerpo. Es el núcleo del renacimiento.

¿Cuál es la relación entre el Karma y el Renacimiento?

Ahora que sabemos que la conciencia Alaya es el núcleo del renacimiento, ¿Qué es lo que determina dónde vamos a renacer?

Cada día, creamos un suministro interminable de karma a través de nuestro cuerpo, palabras y pensamientos. Algunos de estos karmas son saludables, mientras que algunos son negativos. Estas dos fuerzas actúan como causas que compiten, como en un juego de tira y afloja. Si la fuerza del karma sano domina, uno renace en una de los Reinos Superiores tales como el reino celestial o el reino humano. Si la fuerza del karma negativo domina, vamos a renacer en uno de los tres más bajos ámbitos de la existencia como el mundo animal, el reino de los fantasmas hambrientos o el infierno. Nuestro karma es el factor decisivo en la dirección de nuestras vidas futuras. Por lo tanto, el cultivo de conductas saludables y la eliminación de malas conductas y hábitos es fundamental en nuestra búsqueda de la felicidad futura.

Haciendo las Paces con la Muerte

Una persona despierta ve el renacer como una extensión de una vida anterior, y la muerte como el comienzo de otra vida. Cuando vemos el nacimiento y la muerte como un ser iluminado, ¿de que hay que alegrarse o lamentarse?

A pesar de que todos hemos vivido y muerto en el transcurso de innumerables renacimientos, ninguno de nosotros puede recordar con exactitud la experiencia de la muerte. No sabemos qué es la muerte.

Según los Sutras budistas, cuando morimos, seguimos siendo plenamente conscientes de todo lo que está pasando a nuestro alrededor. Podemos escuchar la voz tranquila del médico que anuncia nuestra muerte, o el sonido de la familia o amigos llorando. Es posible que todavía seamos capaces de ver a la gente reunirse alrededor de nuestro cuerpo, tratando de mover nuestro cuerpo que ahora se encuentra privado de señales de vida. Todavía puede uno inclusive preocuparse por las muchas cosas que quedaron incompletas. Nosotros podemos sentirnos moviéndonos entre nuestra familia y amigos, con ganas de decirles lo que deben hacer.

Sin embargo, todo el mundo está abrumado por la pena, y no puede vernos ni oírnos.

Los Sutras budistas describen la vida en este mundo tan complicado, no muy diferente de una tortuga que se lamenta por su caparazón pesado. La muerte nos permite eliminar esta carga, y trascender los límites establecidos por nuestros cuerpos físicos. Sin embargo, cuando nos enfrentamos a la muerte, la mayoría de nosotros tratamos de aferrarnos a nuestras emociones y deseos sensuales. También somos incapaces de dejar ir a nuestros hijos, hijas, nietos o nuestra riqueza. No queremos morir y no podemos aceptar la muerte con gracia. Pensamos en la muerte como una experiencia dolorosa, como romper el caparazón de una tortuga viva. Pero esta no es la visión budista de la muerte. El Buda enseñó que cuando morimos, nos liberamos de este cuerpo, y podemos estar despreocupados y relajados. Es como el alivio que se siente luego de echar una pesada pieza de equipaje.

Aun si somos inteligentes o tontos, buenos o malos, todos tenemos que enfrentar la muerte. La muerte no es una cuestión de si sucede o no, sino una cuestión de cómo y cuándo.

Los Sutras budistas mencionan cuatro razones generales de muerte:

A. Muerte al final de una vida útil

"Muerte al final de una vida útil" también se denomina "Muriendo de vejez." Nuestras vidas son como una lámpara: cuando el combustible se agota, naturalmente, se apagará la luz. A todos nos gustaría vivir una buena vida larga, pero la duración de la vida humana tiene sus límites. La vida continúa sólo con cada respiración que tomamos, pero en cuanto nos detenemos de respirar es que morimos y volvemos al suelo.

B. Muerte en el fin del buen karma

Se dice en los Sutras que, "La gente del mundo no entienden la vida y la muerte. Los ojos humanos no ven karma sano y malsano". Nuestras vidas son como una burbuja de espuma en la superficie del agua, cuando el aire dentro de la burbuja se disipa, la burbuja ya no existe. Todos existimos debido a ciertas causas kármicas. En su transcurso la vida llega a su fin. Un ejemplo es un hombre rico que derrocha su dinero y se convierte en indigentes, que luego muere y queda a exposición de los elementos.

C. La muerte brusca

La muerte repentina también se conoce como "muerte prematura", y describe las muertes que son inesperadas, como un accidente de coche, una emboscada en una guerra, asesinado por un enemigo, o atacado por una bestia salvaje. Estas clases de muerte son impredecibles.

D. Muerte a voluntad

Las tres circunstancias de muerte descritas anteriormente son imprevisibles e incontrolables. Por el contrario, la muerte a voluntad es predecible y se puede planificar.

En el Budismo, esto se refiere a menudo como "vivir y morir a voluntad", y hay muchos grandes maestros budistas y sabios que han tenido esta capacidad. Ellos no son controlados por el ciclo de nacimiento y muerte, porque están en perfecta sintonía con las causas y condiciones que los trajeron al mundo.

Ahora nos toca contestarnos, ¿Qué pasa después? ¿Qué se siente inmediatamente después de la muerte y antes de nuestro próximo renacimiento?

Los sutras nos dicen que sucede luego de la muerte, y dependiendo de tus acciones y hábitos mentales, la contestación puede ser tan variada como el cielo y el infierno. Pero algo positivo y que nos hará perderle el miedo a la muerte, es la descripción de las sensaciones generales que todos experimentan inicialmente, y que son las que mas nos aterran al experimentarlas.

Según los Sutras budistas, la muerte es como una puerta que nos conduce de regreso a nuestro verdadero hogar, para residir ahí temporalmente, y renacer en una forma nueva de existencia. Como hemos visto y seguiremos viendo, la muerte no es algo a lo que le debamos temer. Los Sutras nos confortan en que con la muerte, nuestros cuerpos se transforman de una forma finita y limitada a una ilimitada y sin forma. Indican que cuando morimos, nuestra forma de sentir inmediatamente después de la muerte no es completamente negativa. Esto puede parece un poco sorprendente, pero hay tres buenas razones para explicar esto.

1. Los límites del tiempo y el espacio

Cuando estamos vivos, estamos limitados por el tiempo y el espacio. No podemos viajar a donde queramos, y no podemos optar por no envejecer. Después de la muerte, y antes de nuestro próximo renacimiento, somos liberados de las restricciones del cuerpo, y nuestra verdadera naturaleza se puede mover libremente.

2. La carga del cuerpo

Se dice en el Dhammapada, "El cuerpo físico es la causa de todo el sufrimiento en la tierra. Los sufrimientos de la sed y el hambre, frío y caliente, la ira y el miedo, la lujuria, deseos, el odio y la tragedia -todos de estos se derivan de la existencia del cuerpo". Mientras estamos vivos, pasamos mucho tiempo cuidando de nuestro cuerpo físico. Cuando hay hambre, tenemos que comer; cuando está frío, tenemos que ponernos más ropa; y cuando se está enfermo, tenemos que soportar el dolor. Este cuerpo nuestro nos lleva mucho más a la aflicción que a la felicidad. Si nos detenemos por un momento y hacemos un balance, nos daremos cuenta de que muchas de nuestras preocupaciones pertenecen a nuestro cuerpo. Sin embargo, después de nuestra muerte, nuestra conciencia ya no está sometida a los límites del cuerpo. Todos los problemas asociados con la física del cuerpo desaparecen con él. Sin más hambre o enfermedad, una enorme carga se levanta de nuestros hombros.

3. El elemento sobrenatural

Mientras estamos vivos, nuestras facultades están limitadas por las limitaciones de nuestro cuerpo. Después de la muerte, ya no estamos obligados por las leyes de la física. Somos capaces de ver cosas que son indetectables para el ojo humano y oír sonidos que no pueden ser escuchados por el oído humano. Somos capaces de flotar libremente en el aire ya que la fuerza de gravedad no se aplica a nosotros. En este estado, las paredes no pueden detenernos, y podemos viajar con sólo desearlo.

La muerte no es un fin, no es el final. Por el contrario, es el comienzo de un nuevo estado de existencia. Al morir, el cuerpo físico deja de funcionar, pero la conciencia sigue viva. En el momento después de la muerte de uno y antes del próximo renacimiento, la conciencia está en un estado que se refiere el Budismo como “Bardo” o "estado intermedio". Según el karma acumulado de uno de vidas anteriores, un ser en el estado intermedio habrá renacer en uno de los seis reinos de existencia. Una vez renacemos, nos olvidamos de todos nuestros recuerdos de vidas anteriores.

En realidad, no es importante para nosotros conocer nuestras vidas pasadas o futuras. Aprendemos del Dharma que uno nunca muere realmente. Lo que muere es el cuerpo físico, que es simplemente una combinación de los cuatro grandes elementos. Aunque el cuerpo físico muere, la conciencia continúa sin interrupción. Una vez nos damos cuenta de que el cuerpo es tan impermanente como una burbuja en el agua y que este mundo es una ilusión, entonces podemos aceptar la muerte sin reservas.

El Renacimiento y los Diez Reinos de la Existencia

Ahora nos toca contestarnos, ¿qué son los Diez Reinos de la Existencia? Y ¿en que reino de la existencia vamos a renacer? ¿Cómo se determina esto?

Nuestro renacimiento depende del karma sano y malsano acumulado de nuestras acciones pasadas. Hay un dicho que nos recuerda: "Si usted quiere saber acerca de su vida futura, todo lo que tiene que hacer es reflexionar sobre su vida actual".

Los Diez Mundos forman parte de la cosmología budista y consisten en cuatro reinos superiores y seis reinos inferiores (o Cuatro reinos nobles y Seis reinos del Samsara). Algunas escuelas budistas los ven como algo externo, diez planos existenciales diferentes en los que se puede nacer en cada vida. Otras escuelas, lo ven como estados de la mente que pueden intercambiarse debido a influencias internas y externas.

Los Seis reinos del Samsara, Seis Reinos de Existencia o seis reinos inferiores son: el Infierno, Hambre, Animalidad, Ira, Humanidad y Éxtasis o Cielo o Paraíso. Éstos aparecen en las vidas de la gente como respuesta a su entorno.

La mayoría de los seres sintientes pasan la mayor parte de su tiempo moviéndose entre estas seis condiciones de vida, del infierno al paraíso, gobernados por sus reacciones a las influencias externas y por tanto muy vulnerables a cualquiera de los seis reinos inferiores. De hecho, su identidad en la realidad mundana está basada en factores externos.

1. **Infiernos**- El infierno es la condición de agresión claustrofóbica total, donde uno percibe la carencia total de libertad en sus acciones al tener una energía física y mental mínima. La persona siente estar atrapada por sus circunstancias y está dominada por la ira frustrada y la urgencia de destruir y autodestruirse. Esta condición es comparable al Reino de los Narakas.

2. **Espiritus Hambrientos**- El hambre es la condición caracterizada por el deseo insaciable de la posesión que gobierna el resto de acciones:

alimentación, poder, fama, placer, envidia, etc. En este estado, la persona está atormentada por la poca habilidad y la lentitud existente para conseguir los objetivos incluso cuando consigue satisfacer sus deseos. Esta condición es comparable al Reino de los espíritus hambrientos o Pretas.

3. **Animales**- La animalidad es la condición en la cual uno es gobernado por su instinto, no tiene ningún sentido de moralidad y vive únicamente para vivir el presente. En este estado, la persona no dudará en realizar cualquier tipo de actos para conseguir algo personal. Este estado se caracteriza por la total ausencia de buen juicio y razón.

4. **Asuras**- Es el estado en el cual una persona es dominada por su ego, la competitividad, la arrogancia y la necesidad de ser superior en todas las cosas. El que lo experimenta es esclavo de sus desilusiones, viéndose más importante y superior a los demás. Este estado se caracteriza por ver a los demás seres como amenazas potenciales. Así y todo, el resto de experiencias en este estado son bastante placenteras comparadas con el estado humano. Esta condición es comparable al Reino de los Asuras o Semidioses.

5. **Humanos**- El Reino Humano, de la humanidad o idealismo de las pasiones, es un estado en el cual la

capacidad para diferenciar y la mente pensante están desarrolladas. Se caracteriza por la ambición pasional por ideales abstractos y modelos de rol y es única entre los estados inferiores ya que sabe de su potencial y tiene la motivación suficiente como para superar el sufrimiento. Se caracteriza por lo limitado de su tiempo en comparación con los Reinos de los Devas y los Asuras y porque ocurre de manera muy poco frecuente.

6. **Dioses**- El éxtasis es el Reino de los Deva (dioses), la condición de placer total, cuando los deseos han sido superados por las experiencias de una vida corta pero intensa en sentimientos de disfrute. A diferencia de la verdadera felicidad conseguida con la Budeidad, este estado es temporal y, como la humanidad, fácilmente destructible con un pequeño cambio en las circunstancias. Una persona inevitablemente descenderá a un mundo inferior una vez que esta felicidad temporal desaparezca. Este estado se caracteriza por no sentir emociones negativas y ser menos vulnerable a influencias externas que los estados inferiores a él. Esta condición es comparable al Reino de los Deva o Dioses.

En la tradición Mahayana de la cosmología budista, los cuatro estados o reinos nobles o superiores, forman parte de los Diez reinos espirituales.

Los cuatro estados nobles son: Aprendizaje, Comprensión, Bodhisattva y Budeidad. Estos mundos se desarrollan a través de la búsqueda, descubriendo y aspirando a ellos, es decir, se caracterizan por la creencia de que los humanos necesitan hacer un esfuerzo para llegar a ellos a partir de sus vidas.

7. **Estudiosos**- El aprendizaje es la condición en la cual un ser busca alguna habilidad, verdad última o auto-mejora a través de las enseñanzas de los demás. Para acceder a este estado, el que experimenta, debe primero desarrollar la sabiduría de la naturaleza de las cosas, libre de ilusiones/desilusiones. Este estado se caracteriza por buscar la verdad a través de fuentes externas, como textos y personas. Este estado es comparable al de Sravaka, (como Śrāvakabuddha).

8. **Practicantes-** Es el estado en el cual se descubre una verdad parcial a través de las propias observaciones, esfuerzos, concentración y meditación personal. Normalmente, para acceder a este estado, el que experimenta debe haber comprendido que las fuentes de sabiduría externas son inferiores a las internas como su mente. Se caracteriza por buscar la verdad y la comprensión a través de una percepción interna. Esta condición es comparable al estado de Pratyekabuddha.

9. **Bodhisattvas-** En el estado de Bodhisattva, la persona no solo aspira a la iluminación personal, sino también busca la liberación del sufrimiento de los demás a través de acciones altruistas y compasivas, como la ayuda desinteresada a los demás. Este estado se caracteriza por que el sentimiento de felicidad que da el hecho de ayudar a los demás es superior al de la felicidad que uno consigue para sí mismo.

10. **Buddhas e Iluminación**- La Budeidad es el más alto de los diez mundos, la condición de pura e indestructible felicidad que no depende de las circunstancias personales. El que lo experimenta está totalmente libre de toda desilusión, sufrimiento y miedo. Es la condición de la libertad perfecta y absoluta, caracterizada por sensatez (sabiduría, prudencia) ilimitada, coraje, compasión y fuerza vital. Este estado es realmente complicado de describir y se obtiene únicamente a través de la percepción directa e interna de la realización. La Budeidad se caracteriza por que no permite caer en estados inferiores debido a causas externas y por que no confía en lo externo para conseguir la felicidad.

Cada uno de los Diez Estados, posee a su vez los mismos Diez Estados. Cada uno de ellos, tiene el potencial suficiente para revelar y dar paso a cualquiera de los demás en cualquier momento. Muchas corrientes del Budismo, creen que según se practica el budismo, hace que el estado de Budeidad se vaya haciendo predominante en sus vidas, ya que sus actos son una especie de filtro que revela los aspectos positivos de los otros nueve.

Ahora, los tres tipos de fuerzas kármicas que determinan el ámbito y las condiciones de nuestro próximo renacimiento, están conformadas por:

1. Peso Kármico

La forma en que nuestro karma afecta renacimiento se puede comparar a la forma en que un auditor del banco pasa por las cuentas de los clientes: quienes deben la mayor cantidad de dinero debe ser perseguidos primero. Cuando una persona muere, el peso relativo del karma sano y malsano va a determinar el destino de su renacimiento. Una persona que ha llevado a cabo muchas acciones virtuosas renacerá en los tres reinos superiores (Asuras, Humanos y Cielos), mientras que alguien con mucho karma malsano va a renacer en uno de los tres reinos inferiores (Infierno, Hambruna o Animalidad). El principio detrás de esto es sencillo: "Buenas acciones engendra buenas recompensas; malas acciones engendran malos tratos".

2. Hábitos

Los hábitos de una persona pueden afectar su renacimiento. Por ejemplo, alguien puede tener la costumbre de cantar el nombre de Amida Buda. En caso de que esta persona muera en un accidente fatal, y si el nombre de Amida Buda surge claramente en la mente en el momento de su muerte, entonces este enfoque decidido lo llevará a renacer en la Tierra Pura Occidental de Amida.

3. Pensamientos

El renacimiento de una persona está íntimamente ligado a sus pensamientos diarios. Si una persona se dedica a las formas del Buda, entonces él o ella va a renacer en Tierra Pura. Si una persona realmente quiere entrar en el cielo y realiza prácticas para ello, la persona va a renacer en el reino celestial. Por lo tanto, en nuestra práctica diaria, mantener la atención es la clave.

Ya sea el peso de nuestro karma, la fuerza de nuestros hábitos, o el poder de nuestros pensamientos lo que nos lleva a nuestro próximo renacimiento, siempre debemos pensar cosas buenas, practicar acciones virtuosas, y no hacer daño. De esta manera, no es necesario el miedo a la muerte.

Como confrontar la Muerte

Los budistas tienden a ver a la muerte como pasar de una casa a otra, o desde un entorno a otro. Los Sutras utilizan varios símiles para describir la muerte:

1. La muerte es como otro nacimiento

La muerte es el comienzo de otra vida, no es el final. El proceso de la muerte se puede comparar con el proceso de fabricación de un aceite a partir de semillas de sésamo o la creación de mantequilla de la leche.

2. La muerte es como la graduación

La vida de una persona puede ser comparada con el tiempo que un estudiante pasó en la escuela, y la muerte es como la graduación. Cuando nos graduamos de la escuela, los grados reflejan lo bueno que hemos sido como estudiantes. Del mismo modo, cuando morimos, las circunstancias en las que volvemos a nacer son un reflejo del karma sano o malsano que hemos acumulado.

3. La muerte es como un pasadía

Cuando hay nacimiento, hay muerte. La muerte es como mudarse de una casa antigua a una mas nueva.

4. La muerte es como cambiarse de ropa

La muerte es como quitarse ropas viejas, gastadas y ponerse un traje nuevo. Cuando somos capaces de comprender que todas nuestras experiencias de la vida son como nubes flotantes que pasan ante nuestros ojos, veremos que el cuerpo es nada más que una prenda de vestir.

5. La muerte es la renovación

Nuestro cuerpo se somete a los procesos metabólicos cada segundo. Las nuevas células se crean cuando las viejas mueren. El ciclo del nacimiento y muerte es similar al proceso de la creación de nuevas células para reemplazar las viejas.

Cuando poseemos la perspectiva correcta sobre la muerte, dejamos de temerle. Lo que debería preocuparnos no es cuando vamos a morir, sino sobre que estamos haciendo por nosotros mismos aquí y ahora, que es lo que determina lo que sigue después de la muerte. Mientras estamos vivos, la mayoría de nosotros sólo podemos pensar en disfrutar nosotros mismos y pasar un buen rato. Pasamos nuestro tiempo persiguiendo la fama y la fortuna, sin una comprensión clara de hacia dónde nos dirigimos.

Una vida sin un sentido claro de propósito o dirección no tiene sentido. ¿Qué es la fama y la fortuna para nosotros cuando estemos en nuestro lecho de muerte? Cuando sabemos cómo vivir nuestras vidas, entonces sabemos cómo manejar nuestras muertes. Confucio dijo: "Si uno no entiende la vida, ¿cómo puede uno comprender la muerte?" No podemos ser consumidos por el miedo de morir. La verdadera tragedia sería si hubiésemos vivido nuestras vidas en el engaño y la ignorancia. Podemos estar vivos en el cuerpo, pero muertos en espíritu.

La tarea urgente a mano es para nosotros ver la vida y la muerte en el contexto de la impermanencia, el sufrimiento, y el vacío. Si somos capaces de lograr esto, vamos a ser capaces de encontrar significado en la vida y en la muerte.

PARTE II

EL BODHISATTVA KSITIGARBHA

Los Orígenes Históricos

Aunque de origen Indio, Kshitigarbha (Jizo) es venerado más ampliamente en Japón, Corea y China que en India o Tíbet. La mayoría de los estudiosos consideran en general los textos relacionados a Jizo sean productos de China, en lugar de la India, seguidos más tarde por las adiciones e interpretaciones japonesas.

La primera asociación de Jizo es con Prthvi (Prithvi), una diosa hindú que personifica la tierra y se asocia con la fertilidad. En los Vedas, se presenta como la madre de todas las criaturas y el consorte del cielo. Esta asociación con el cielo es muy importante, ya que muchos siglos más tarde, en China, Jizo Bodhisattva (Repositorio de la Tierra) fue emparejado con Kokuzo Bodhisattva (Repositorio del Espacio), representando las bendiciones de la tierra y el espacio, respectivamente. Este emparejamiento es ahora casi completamente olvidado en China y Japón. Sin embargo, la pareja da un fuerte apoyo a la asociación de Jizo con la diosa hindú Prthvi. El apoyo más fuerte para su relación con Prithvi, es el Sutra de Ksitigarbha, que en una de las traducciones al chino del séptimo siglo del sánscrito, Pṛthivī se compromete a utilizar todos sus poderes milagrosos para proteger a los devotos de Jizo.

La historia de Ksitigarbha fue descrita por primera vez en el Sutra de los Votos Pasados del Bodhisattva Ksitigarbha, uno de los más populares Sutras budistas Mahayana. En este Sutra, que fue pronunciado por el Buda hacia el final de su vida a los seres del cielo Triyastrimsha como un signo de gratitud y respeto a su amada madre, Maya. Pero la mayoría de los estudiosos creen que el Sutra fue compilado en China. Afirmó que Ksitigarbha practicado la piedad filial como un mortal, que finalmente llevó a hacer grandes votos para salvar a todos los seres sintientes.

En el Sutra de Ksitigarbha, cuenta el Buda que en los distantes eones pasados, Ksitigarbha era una brahmán soltera con el nombre de Ojos Brillantes. Estaba muy preocupada cuando murió su madre, porque ella había sido a menudo calumniosa hacia la Triple Joya. Para salvarla de las torturas del infierno, la chica vende todo lo que tenía y se utiliza el dinero para comprar las ofrendas que se ofrecen diariamente en el Buda de su tiempo, conocido como el Buda de la Flor de la Meditación y la Ilustración. Ella oró fervientemente para que su madre se salvara de las penas del infierno y apeló a Buda en busca de ayuda.

Mientras ella estaba suplicando por ayuda en el templo, oyó el Buda diciéndole que ir a casa, sentarse y recitar su nombre si quería saber dónde estaba su madre. Ella hizo lo que le dijo y su conciencia fue trasladada a un reino infernal, donde conoció a un tutor que le informó que a través de sus fervientes oraciones y ofrendas piadosas, su madre había acumulado mucho mérito y que ya había ascendido al cielo. Ojos Brillantes tuvo gran alivio y se sintió muy feliz, pero la vista de los sufrimientos que había visto en el infierno le tocó el corazón. Ella se comprometió a hacer todo lo posible para aliviar el sufrimiento de los seres en sus futuras vidas, aspirando a alcanzar la Iluminación, pero posponiéndola hasta que todos los infiernos estén vacios. .

Iconografía

En la iconografía budista, Ksitigarbha es típicamente representado con una cabeza rapada y vestido con las ropas sencillas de un monje. En su mano izquierda, Ksitigarbha tiene una joya que concede los deseos, y en su mano derecha, sostiene un bastón, que se utiliza para alertar a los insectos y pequeños animales de su andar, por lo que no va a querer hacerles daño. Este bastón lo utilizan tradicionalmente los monjes budistas. En la tradición china, Ksitigarbha se representa a veces con una corona como la usada por el Buda Vairocana.

Al igual que otros Bodhisattvas, Ksitigarbha generalmente es visto de pie sobre una base de flor de loto, símbolo de su liberación de la rueda kármica de la reencarnación. La cara y la cabeza de Ksitigarbha también aparecen idealizadas, con el tercer ojo, las orejas alargadas y los otros atributos estándar de un ser iluminado.

El Templo Narihira Santos en en Katsushika, Tokio, contiene la "Jizo Atado" de Ooka Tadasuke, que data del período Edo. Cuando se solicitan peticiones ante Jizo, el peticionario ata una cuerda alrededor de la estatua. Cuando se conceda el deseo, el peticionario desata la cuerda. En el nuevo año, las cuerdas de los deseos no otorgados son cortadas por el sacerdote del templo.

Tradiciones en China

El Monte Jiuhua en Anhui es considerado como el Bodhimandala (reino) de Ksitigarbha. Es una de las cuatro montañas sagradas del Budismo en China, y en un momento albergó a más de 300 templos. Hoy en día, 95 de ellos están abiertas al público. La montaña es un destino popular para los peregrinos ofreciendo dedicatorias a Ksitigarbha.

En algunas áreas, la mezcla de las religiones tradicionales ha llevado a que Ksitigarbha este también considerado como una deidad taoísta, aunque sus funciones son diferentes a lo que Ksitigarbha tradicionalmente hace. Por ejemplo, en Hong Kong y en las comunidades chinas en el extranjero, sus imágenes se encuentran generalmente en las salas conmemorativas de los templos budistas y taoístas.

Tradiciones en Japón

En Japón, Ksitigarbha, conocido como Jizo, u Ojizo-sama como se le conoce con respeto, es uno de los más queridos de todos divinidades japonesas. Sus estatuas son una vista común, sobre todo por los caminos y en los cementerios. Tradicionalmente, se le ve como el guardián de los niños y, en particular, los niños que murieron antes que sus padres. Él ha sido adorado como el guardián de las almas de mizuko, las almas de los muertos, fetos abortados o que se les interrumpe el periodo de gestación en el ritual de mizuko.

Como una de las más queridas de todas las divinidades japonesas, Jizo trabaja para aliviar el sufrimiento y reducir la condena de aquellos que sirven tiempo en el infierno, y llevar a los fieles hacia el paraíso de Amida (donde los habitantes ya no están atrapados en los seis estados de deseo y karma renacimiento), y para responder a las oraciones de los vivos para la salud, el éxito, los niños, y todo tipo de peticiones mundanas. En el Japón moderno, Jizo es un salvador por excelencia y amigo de todos.

En la mitología japonesa, se dice que las almas de los niños que mueren antes que sus padres no son capaces de cruzar el río mítico Sanzu en su camino hacia el más allá, porque no han tenido la oportunidad de acumular suficientes buenas obras, y porque han hecho a los padres sufrir. Se cree que Jizo salva estas almas de tener que apilar piedras eternamente en la orilla del río como penitencia, ocultándolos de los demonios en su túnica, y permitiendo que ellos escuchen Sutras y mantras, acumulando buenas obras, y permitiéndoles pasar a la otra orilla.

Estatuas de Jizo son a veces acompañadas de un pequeño montón de piedras y guijarros, puesto allí por la gente con la esperanza de que iba a acortar el tiempo que los niños tienen que sufrir en el inframundo. Las estatuas a veces pueden ser vistas con la ropa de los niños pequeños o los baberos, o con juguetes, puesto allí por el duelo de los padres para que ayuden a sus seres perdidos y con la esperanza de que Jizo pueda protegerlos. A veces las ofrendas están puestas allí por los padres que le dan las gracias a Jizo por salvar a sus hijos de una enfermedad grave. Las características físicas de Jizo se hacen comúnmente más de bebés, como para parecerse a los niños a los que protege.

Como se le ve como el salvador de las almas que tienen que sufrir en el infierno, sus estatuas son comunes en los cementerios. También se cree que es una de las deidades protectoras de los viajeros, el dosojin, y las estatuas de Jizo en las carreteras son una vista común en Japón. Los bomberos también se cree que están bajo la protección de Jizo.

Tradiciones en el Sudeste de Asia

En el Budismo Theravada, se cuenta la historia de un monje budista llamado Phra Malai, que tiene las mismas cualidades de Ksitigarbha, el cual es bien conocido en todo el sudeste de Asia, especialmente en Tailandia y Laos. La leyenda dice que era un Arhat de Sri Lanka, que alcanzó grandes poderes sobrenaturales a través de su propio mérito y la meditación. También es honrado como un sucesor de Maudgalyayana, discípulo del Buda ante todo por sus logros sobrenaturales. En la historia, este piadoso y compasivo monje desciende al infierno para dar enseñanzas y consolar a los que sufren los seres infernales allí. También aprende cómo los seres infernales son castigados de acuerdo a sus pecados en los diferentes infiernos, y los consuela y salva.

Los Seis Anillos y los Seis Mundos

Otra categoría de la representación iconográfica es Ksitigarbha como el Señor de los Seis Caminos, una representación alegórica de los Seis Caminos del Renacimiento del reino del deseo (Samsara).

Los seis caminos son a menudo representados como seis rayos o haces de radiación desde el Bodhisattva y acompañada de representaciones figurativas de los Seis Caminos. Muchas de estas representaciones en China se encuentran en la provincia de Shaanxi, tal vez a consecuencia del culto de Sanjie Jiao en la zona. Una variante japonesa de esta representación, son seis Jizos juntos uno al lado del otro.. Un ejemplo de esto se puede encontrar en Konjikido, el Salón de Oro, en el templo

Chuson-ji.

Según los cánones budistas, los Seis Reinos son parte de los Diez Mundos o Reinos del canon budista tradicional. El concepto de los Diez Reinos Espirituales o Diez Mundos forma parte de la creencia budista de que existen diez condiciones en la vida a los que los sentimientos están sujetos y que experimentan en cada momento.

Los estados se denominan igual que los planos de existencia; la forma de pasar de uno a otro es a través del renacimiento en la próxima vida; nacer en otro estado tras la muerte. Todo ello está a su vez gobernado por el Karma (acción y voluntad: las elecciones que se hacen durante la vida).

El Bodhisattva Ksitigarbha, como vimos anteriormente, es el encargado, desde el Paranirvana del Buda Shakyamuni hasta la llegada de Maitreya, de llevar a las almas de los difuntos a la otra orilla.

Los Votos

Todos los Bodhisattvas hacen una serie de votos como parte de su despertar al deseo de alcanzar la Iluminación. En el budismo, el **voto del Bodhisattva** es la expresión del compromiso del Bodhisattva, término sánscrito dado a cualquier persona que, motivada por una gran compasión, ha generado la Bodhicitta, un deseo espontáneo de alcanzar la Budeidad (o última iluminación) en beneficio de todos los seres sintientes. Lo que convierte a alguien en un Bodhisattva es su dedicación al bienestar pleno de otros seres, como se expresa en la oración:

"Que alcance la iluminación para el beneficio de todos los seres sintientes".

Con esta motivación, si el Bodhisattva o aspirante a Bodhisattva se compromete a participar en la práctica de las seis o diez perfecciones (Pāramitā), se considera que ha tomado el voto del Bodhisattva.

El voto especifico del Bodhisattva Ksitigarbha s que no alcanzara la iluminación hasta que todos los infiernos estén vacios, y hasta que todos los seres alcancen la iluminación. Por esto, se le denomina el Bodhisattva de los votos mas grandes, pues es el único Bodhisattva que no tiene predicción de Budeidad en los Sutras, a diferencia de Avalokiteshvara, quien es el Bodhisattva mas asociado con Ksitigarbha, y quien si tiene predicción de Budeidad.

PARTE III

EL SUTRA DE LOS VOTOS PASADOS DEL BODHISATTVA KSITIGARBHA

Capítulo I

Los Poderes Espirituales en el Palacio del Cielo Triyastrimsha

Así he oído.

Una vez el Buda estaba residiendo en el Cielo Triyastrimsha para exponer el Dharma a su madre. En ese momento, todos los Budas y Grandes Bodhisattvas Mahasattvas, una cantidad inexpresable e incontable, saludando desde los incalculables mundos de las Diez Direcciones, llegaron y se reunieron allí. Ellos elogiaron el hecho de que el Buda Shakyamuni, en tiempos malos con sus cinco Turbiedades, aún era capaz de manifestar su poder inconcebible de gran sabiduría y milagros para regular y domar a seres obstinados, de modo que puedan llegar a conocer el sufrimiento y se deleiten en el Dharma. Cada uno de ellos envió a sus asistentes para saludar al Honrado por el Mundo.

En ese momento, el Así Venido sonrió y emitió cientos, miles y miríadas de millones de grandes nubes brillantes, a saber: las grandes nubes brillantes de la perfección, las grandes nubes brillantes de la piedad y la compasión, las grandes nubes brillantes de la sabiduría, las grandes nubes brillantes de Prajna, las grandes nubes brillantes del Samadhi, las grandes nubes brillantes de

Srivatsa, las grandes nubes brillantes de las virtudes de bienaventuranza, las grandes nubes brillantes de las virtudes meritorias, las grandes nubes brillantes de refugio y las grandes nubes brillantes de la alabanza.

Habiendo emitido tales nubes brillantes indescriptibles, también produjo toda clase de voces sutiles y maravillosas, a saber: las voces de Danaparamita, de Silaparamita, de Kshantiparamita, de Viryaparamita, de Dhyanaparamita, de Prajnaparamita, las voces de Piedad y Compasión, de Regocijo y Ecuanimidad, de Liberación, de No-Pérdida, de Sabiduría, de Gran Sabiduría, de Rugido de León, de Gran Rugido de León, de Trueno de Nube y de Gran Trueno de Nube.

Después de haber producido tales voces indescriptibles e indefinibles, incontables millones de devas, nagas, demonios y deidades del Mundo Saha y de otros reinos también llegaron y se reunieron en el Palacio de Triyastrimsha. Los devas de los Cielos de los Cuatro Reyes Celestiales llegaron. Desde el Cielo Triyastrimsha, el Cielo Suyama, el Cielo Tusita, el Cielo de la Transformación de la Felicidad, el Cielo del Bienestar obtenido a través de la Transformación de la Felicidad de los Otros, el Cielo de las Multitudes de Brahma, el Cielo de los Ministros de Brahama, el Cielo del Gran Señor Brahama, el Cielo de Poca Luz, el Cielo de Luz Infinita, el Cielo de Luz-Sonido, el Cielo de Poca Pureza, el Cielo de Pureza Infinita, el Cielo Puro Universal, el Cielo de Nacimiento Bienaventurado, el Cielo de las Bendiciones del Amor, el Cielo de la Fruición Amplia, el Cielo del No-

Pensamiento, el Cielo del No-Calor, el Cielo de las Buenas Visiones, el Cielo de las Buenas Manifestaciones, el Cielo de la Forma Suprema, el Cielo Mahesvara y el Cielo del No-Pensamiento Ni No-Pensamiento, todas las multitudes de devas, de los cielos, junto con las multitudes de nagas, demonios y deidades reunidas en el Palacio de Triyastrimsha.

Allí también llegaron de diferentes tierras en otros rincones y del Mundo Saha, deidades tales como las de los mares, de los ríos, de los riachuelos, de los árboles, de las montañas, de la tierra, de las corrientes de agua y de los lagos, de los brotes y las semillas, del día, de la noche, del espacio, del cielo, de los alimentos y de la vegetación. Todas se reunieron allí.

Allí también llegaron de diferentes tierras en otros rincones y del Mundo Saha grandes reyes demonios tales como el Rey Demonio del Ojo del Mal, el Rey Demonio Succionador de Sangre, el Rey Demonio Consumidor de Esencia y Energía, el Rey Demonio Devorador de Fetos y Huevos, el Rey Demonio Dador en Enfermedad, el Rey Demonio Colector de Venenos, el Rey Demonio de Corazón Bondadoso, el Rey Demonio del Bienestar, y el Rey Demonio de Gran Amor y Respeto, todos ellos se reunieron allí.

En ese momento, el Buda Shakyamuni le dijo al Príncipe del Dharma Bodhisattva Mahasattva Manjushri: "Mira a todos esos Budas, Bodhisattvas, devas, nagas, pretas y deidades, de este mundo y de otros mundos, de esta tierra y de otras tierras, llegando ahora aquí para reunirse en Triyastrimsha. ¿Tienes alguna idea de cuántos son?"

Manjushri se dirigió al Buda, diciendo: "Honrado por el Mundo, no podría decirle cuántos hay, ni siquiera si intentara usar durante mil kalpas mi poder milagroso para determinar el número".

El Buda le dijo a Manjushri: "Yo tampoco puedo completar la cuenta ni siquiera con la visión de mis ojos de Buda. Juntos constituyen a aquellos seres que el Bodhisattva Ksitigarbha ha liberado, a los que está liberando, a aquellos que están por liberar, y a quienes representan el trabajo ya completado o terminado, el que está siendo terminado, y el trabajo que aún no ha iniciado este Bodhisattva a lo largo de kalpas extensas e infinitas".

Manjushri se dirigió al Buda, diciendo: "Honrado por el Mundo, dado que, en el pasado, he cultivado buenas raíces y he logrado la Sabiduría Sin Obstrucciones, debo ser capaz de creer y aceptar sus palabras al escuchar lo que recién ha dicho. Sin embargo, los Shravakas—los seres de los vehículos menores- que aún poseen escasos logros, devas, nagas, y el resto de las ocho categorías así como los seres sintientes de generaciones futuras, ciertamente albergarán dudas aunque escuchen las palabras sinceras del Así Venido. Incluso si aceptaran las enseñanzas de manera más respetuosa, ellos todavía no serían capaces de evitar evidentemente la difamación en sus puntos de vista. Sólo espero que usted, Honrado por el Mundo, hable ampliamente sobre aquellos actos que realizó el Bodhisattva Mahasattva Ksitigarbha durante sus estados causales y sobre los votos que él tomó para poder completar esas cosas inconcebibles".

El Buda le dijo a Manjushri: "Tomemos el sistema del mundo de mil millones de mundos; de éste tomemos un pedazo de todos y cada uno de los diferentes tipos de vegetación, incluyendo la hierba, los árboles, los arbustos, el arroz, el heno, el bambú y las cañas, y una parte de cada clase de montaña, piedra y motas de polvo. Luego consideremos a cada pedazo y a cada parte como un Río Ganges separado. Luego, nuevamente, tomemos un grano de arena de todo ese gran número inconcebible de Ríos Ganges como un quiliocosmos, y después tomemos a cada mota de polvo dentro de cada quiliocosmos como un kalpa. Finalmente, consideremos todos los granos de polvo acumulados en cada uno de esos kalpas como si fueran a ser, en sí mismos, convertidos en kalpas. El Bodhisattva Ksitigarbha ha ayudado mil veces más que esta vasta extensión de tiempo desde que alcanzó la Décima Etapa, por no mencionar la extensión del tiempo que el Bodhisattva Ksitigarbha pasó en la santidad de Shravakas y Pratyekabuddhas.

"Manjushri, ¡los votos solemnes y los poderes majestuosos de este Bodhisattva, son en verdad inconcebibles! Si en el futuro un buen hombre o una buena mujer escucharan el nombre de este Bodhisattva y lo elogiaran, o lo contemplaran o lo veneraran, o lo invocara, o le hicieran ofrendas, o incluso dibujaran, esculpieran, tallaran, moldearan o pintaran su imagen, él o ella renacerían en el Cielo Treinta y Tres cien veces, y nunca caerían nuevamente en los caminos malos de la existencia.

"Manjushri, este Bodhisattva Ksitigarbha en el pasado, antes de un número inexpresable e indecible de kalpas, asumió la forma del hijo de un viejo líder y nació como tal. En ese momento, había un Buda que llevaba el título del Así Venido De Todos Los Actos Completos De La Miríada De La Excitación del León. Cuando el hijo del anciano vio la forma excelente del Buda adornado con las mil bendiciones, le preguntó al Buda qué actos había realizado y qué votos había hecho para lograr su forma actual excelente, de modo que él mismo pudiera adquirir tal forma. Entonces el Así Venido De Todos Los Actos Completos De La Miríada De La Excitación Del León le dijo al hijo del anciano: «Si quieres llegar a ser como esta entidad, debes pasar un tiempo largo –a través de vastas eras- liberando a todos los seres sintientes que sufren.»

"Manjushri, entonces el hijo del anciano tomó ese voto en consecuencia, diciendo: «Ahora hago el voto de que proveeré, a lo largo de incalculables números de kalpas en el futuro, por el bien de todos los seres pecadores, sufrientes, de los seis caminos de la existencia, medios amplios y diestros para causar que todos ellos sean liberados antes de que yo mismo alcance la Budeidad.» Él tomó semejante gran voto frente a aquel Buda, y aun ahora, después de cientos, miles, miríadas, millones y hasta inconcebibles números de kalpas, él todavía es un

Bodhisattva.

"Más aún, hubo en el pasado, hace un inconcebible número de kalpas, un Buda que llevaba el título del Así Venido Rey Del Auto-Control Y Maestría Del Samadhi De La Flor Iluminada. La extensión de la vida de ese Buda era de cuatrocientos billones de asamkhyeyas kalpas. Durante el periodo de la Apariencia del Dharma había una joven brahmán, que teniendo profunda y honda bendición debido a las acciones de sus vidas pasadas, era admirada y respetada por la gente, y protegida por los devas al caminar, pararse, sentarse y acostarse. Sin embargo, su madre aceptaba y practicaba creencias equivocadas y frecuentemente despreciaba a las Tres Joyas. En ese momento, esta joven santa recurrió a varios expedientes para persuadir a su madre para que adoptara puntos de vista correctos, pero su madre no estaba completamente convencida. Un poco después la vida de la madre terminó y su conciencia cayó en el Infierno Ininterrumpido (Avichi).

"La joven brahmán, conociendo que su madre, mientras estaba viva, no había creído en la ley de causalidad, inevitablemente renacería en una mala existencia según su karma; así que ella vendió su casa y compró vastas cantidades de incienso, flores y otras ofrendas para ser generosamente donadas a las Estupas y templos del Buda de esa era. Ella vio en un templo la imagen del Así Venido Rey Del Auto-Control Y Maestría Del Samadhi De La Flor Iluminada tallada y pintada en formas majestuosas y con perfecta dignidad. A medida que la joven brahmán, contemplaba el semblante del Honorable, devino doblemente respetuosa. En lo profundo de su corazón mantenía el siguiente pensamiento: «El Buda es el Gran Iluminado, poseyendo toda clase de sabiduría. Si estuviera en este mundo, podría decirme el paradero de mi madre después de su muerte.»Entonces la joven brahmán, sollozó con la cabeza inclinada durante un tiempo largo mientras miraba con admiración al Así Venido. Repentinamente escuchó una voz desde el medio del espacio, diciendo: «Joven meritoria y digna que alabanzas, no estés tan apenada, porque te voy a revelar el paradero de tu madre.» La joven brahmán a medida que se dirigía al espacio, unió sus palmas, diciendo: «¿Puedo saber quién es el Sagrado y Virtuoso que alivia mi tristeza? Desde que perdí a mi madre, pienso en ella día y noche; pero no ha habido nadie a quien pudiera preguntarle que me diga sobre su paradero.» La voz del medio del espacio respondió a la joven nuevamente, diciendo: «Soy el que estás venerando, el Así Venido Rey Del Auto-Control Y Maestría Del Samadhi De La Flor Iluminada. Viendo que recuerdas y aprecias a tu madre mucho más que los seres comunes, me manifiesto para revelarte su paradero.»

"La joven brahmán, al escuchar esto, se postró sobre el suelo con todas sus fuerzas y entonces se desplomó, hiriéndose gravemente. Aquellos que se encontraban a su alrededor la asistieron, y después de un tiempo revivió. Entonces ella se dirigió al espacio diciendo: «Ojalá que el Buda, en su piedad y compasión, me diga francamente el paradero de mi madre, porque es posible que yo pueda morir muy pronto debido a mi estado físico y mental actual.» El Así Venido REY Del Auto-Control Y Maestría Del Samadhi De La Flor Iluminada se dirigió a la joven santa, diciendo: «Después de haber completado tu ofrenda, ve directamente a tu casa, siéntate reverentemente, y contempla mi nombre y título; entonces sabrás el paradero de tu madre.»

"Entonces la joven brahmán concluyó su adoración del Buda y regresó a su casa. La memoria de su madre la sostuvo cuando ella estaba sentada derecha—en meditación—recordando al Así Venido Rey Del Auto-Control Y Maestría Del Samadhi De La Flor Iluminada. Después de un día y una noche se encontró repentinamente a sí misma a la orilla de un mar cuyas aguas bullían y burbujeaban. Muchas bestias malvadas con cuerpos de hierro volaban velozmente sobre el mar de un lugar a otro.

"Ella vio que hombres y mujeres, en número de cientos de miles de miríadas, emergían y se sumergían nuevamente en el mar, a cuyo tiempo ellos eran arrebatados y devorados por las bestias malvadas. También vio Yakshas con diferentes formas, algunos con varias manos y otros con muchos ojos, algunos con varios pies y otros con cabezas múltiples. Con sus dientes tan afilados como espadas saliendo de sus bocas, ellos hincaban y clavaban empujando el rebaño de esas personas miserables y sufrientes en las garras de esas bestias malvadas; o ellos mismos capturaban a las personas pecadoras y les retorcían las cabezas y los pies en una miríada de formas horripilantes, que uno no se atrevía a mirar por mucho tiempo.

"La joven brahmán, en ese momento, por virtud de su atención plena al Buda, naturalmente no estaba atemorizada. Apareció allí un rey demonio llamado Sin Veneno, que se postró ante ella y le dio la bienvenida. Se dirigió a la joven santa, diciendo: «Bodhisattva, ¿qué causa que vengas aquí?» En ese momento la joven brahmán le preguntó al rey demonio: «¿Qué lugar es este?» Sin Veneno respondió: «Estamos en el lado occidental de la Cadena Montañosa del Gran Anillo de Hierro.»

"La joven santa preguntó: «He escuchado que el infierno está en ella, ¿es así en verdad?» Sin Veneno respondió: «Es verdad que allí hay infierno.» La joven santa preguntó: «¿Cómo o de qué manera llegué a este lugar de infiernos?» Sin Veneno respondió: «Si lo que te trajo aquí no fue la formidable fuerza espiritual, entonces fue el poder del karma. Esas son las dos únicas formas a través de las cuales cualquier persona puede llegar aquí.» La joven santa volvió a preguntar: «¿Qué causa que el agua hierva y se eleve? ¿Y por qué hay allí tantas personas sufrientes y bestias malvadas?» Sin Veneno respondió: «Esas personas sufrientes son seres recién muertos de Jambudvipa, que cometieron pecados. Como durante cuarenta y nueve días no tienen quien realice ningún acto meritorio o virtuoso a su favor para salvarlos o liberarlos de su sufrimiento. Aparte de eso, durante sus vidas no crearon ninguna causa virtuosa. Ahora su propio karma les dirige a esos infiernos correspondientes. Naturalmente, primero deben pasar a través de este mar. Diez miríadas de Yojanas hacia el este de este mar hay otro mar, donde la severidad del sufrimiento es el doble de la que hay aquí. Hacia el este de ese mar hay aún otro mar, donde el sufrimiento es aún nuevamente el doble. Este sufrimiento es el resultado de las causas malas de las tres clases de karma; y esos lugares son conocidos colectivamente como el Mar Kármico.»

"La joven santa también le preguntó al rey demonio Sin Veneno: «¿Dónde están los infiernos?» Sin Veneno respondió: «Los grandes infiernos están dentro de los tres mares kármicos. Se cuentan en cientos de miles. Cada uno es diferente de los otros. Hay dieciocho grandes, y hay quinientos secundarios, siendo todos y cada uno centros de sufrimiento inconmensurable. Hay cientos de miles de infiernos en la siguiente categoría, también, siendo todos lugares de sufrimiento inconmensurable.» La joven santa nuevamente se dirigió al gran rey demonio, diciendo: «Mi madre murió hace no mucho tiempo. Me pregunto dónde fue su espíritu.» El rey demonio le preguntó a la joven santa: «¿Qué hizo tu madre en su vida?» La joven santa respondió: «Mi madre mantenía puntos de vista aberrantes o desviados, y ridiculizaba y difamaba a las Tres Joyas. A veces ella creía durante poco tiempo, y luego se volvía irreverente nuevamente. Aunque murió recientemente, aún no conozco su paradero.» Sin Veneno preguntó: «¿Cuál era el nombre de tu madre?» La joven santa respondió: «Tanto mi padre como mi madre eran brahmanes. El nombre de mi padre era Sila Sudarsana; el nombre de mi madre era Yue Di Li.»

Sin Veneno unió sus palmas y se dirigió al Bodhisattva, diciendo: «Por favor, Ser Digno y Noble, regresa al hogar sin preocupación, nostalgia o reflexión triste. Han pasado tres días desde que la pecadora Yue Di Li ascendió al cielo. Se dice que, por virtud de las donaciones de su descendencia filial a la Estupa y al templo del Así Venido Rey Del Auto-Control Y Maestría Del Samadhi De La Flor Iluminada en nombre de su madre, no sólo la madre del Bodhisattva pudo abandonar el infierno, sino que también los otros pecadores que merecían retribuciones perpetuas y habían sido destinados al Infierno Implacable recibieron la bendición y renacieron junto a ella.» El rey demonio, habiendo dicho esto, se retiró con las palmas juntas.

"La joven brahmán, despertó como de un sueño. Comprendió la situación y luego hizo un gran voto frente a la Estupa y a la imagen del Así Venido Rey Del Auto-Control Y Maestría Del Samadhi De La Flor Iluminada: «Que pueda yo, a través de todos los kalpas futuros, proveer métodos amplios y diestros para la liberación y la salvación de todos los seres pecadores, sufrientes»."

El Buda le dijo luego a Manjushri: "Ese rey demonio, que se llamaba Sin Veneno en ese momento, es ahora el Bodhisattva Regente de la Riqueza, y la joven brahmán es ahora el Bodhisattva Ksitigarbha.

Capítulo II

La Reunión de los Cuerpos Emanados

En ese momento, todos los Bodhisattvas Ksitigarbhas emanados llegaron de todos los infiernos de cientos, miles, miríadas y millones de impensables, indiscutibles, inconmensurables, inexpresables e incontables números de mundos para reunirse en el Palacio de Triyastrimsha. Por virtud del poder milagroso del Así Venido, cada uno llegó de su reino junto a aquellos que habían sido liberados de los senderos kármicos -miles, miríadas, millones y nayutas de seres sintientes y todos ellos llevaban incienso y flores para ofrendarle al Buda. Como ellos habían sido instruidos y convertidos por el Bodhisattva Ksitigarbha, la totalidad de aquellos que llegaban allí, nunca retrocederían de Anuttarasamyaksambodhi. Esos seres, durante vastos, largos kalpas, vagando a través de numerosos nacimientos y muertes, habían sufrido, en los seis caminos de la existencia, sin un momento de descanso. Sin embargo, por virtud de la generosa bondad y compasión así como de los votos profundos del Bodhisattva Ksitigarbha, cada uno de ellos había realizado y alcanzado alguno de los frutos de Bodhi.

Habiendo llegado al Palacio de Triyastrimsha, quedaron conmovidos con regocijo en sus corazones y miraron con admiración al Así Venido, sin pestañear.

En ese momento, el Honrado por el Mundo extendió su brazo de color dorado para colocar su mano sobre la coronilla de todos esos Bodhisattvas Ksitigarbhas emanados de cientos, miles, miríadas y millones de impensables, indiscutibles, inconmensurables, inexpresables e incontables números de mundos, y pronunció las siguientes palabras: "He enseñado y convertido a muchos seres obstinados en este tiempo malo con sus cinco clases de corrupción, haciendo que su corazón se pacifique y que abandonen lo aberrante y absurdo—que regresen al camino correcto. Sin embargo, aún hay uno o dos de diez que siguen estando amarrados por sus malos hábitos. También me he dividido en cientos, miles y millones de cuerpos emanados, y he empleado medios hábiles, diestros y amplios para la liberación y la salvación de los seres sintientes.

"A veces había esos con ingenio agudo, que escuchaban, creían y aceptaban inmediatamente. Había otros con fruición o gusto virtuoso que podían lograr la liberación sólo mediante la difícil persuasión; o había tontos y necios que llegarían a la conciencia sólo después de una larga conversión. Había también otros con karma pesado que no demostrarían respeto. Para tales seres, cada uno diferente de los demás, me he dividido en varios cuerpos para liberarlos y salvarlos a todos.

"Por el beneficio de todos los seres sintientes, me manifiesto en las formas de un hombre o una mujer, un deva o un naga, un dios o un espíritu, un bosque, una gruta, un río, una planicie, una corriente, un estanque, un brote, un pozo, de modo que, todos ellos puedan ser liberados y salvados. A veces, para completar la conversión y la liberación de los seres sintientes, me manifiesto en las formas de un devaraja, un brahmaraja o un cakravarti, de un devoto, un rey, un ministro o un oficial, de un Bhikshu, una Bikhuni, un Upasaka, una Upasika, o incluso en las formas de un Srhavaka, un Arhat, un Pratyekabuddha o un Bodhisattva. No sólo en la forma de un Buda me he manifestado. Ahora bien, sean conscientes de que he estado trabajando kalpa tras kalpa para liberar y salvar a esos seres sufrientes, pecadores, obstinados y difíciles de convertir. Sin embargo, están aquellos que aún no se han pacificado, que recibirán su debida retribución según su karma. Si siguen cayendo en los caminos malos que los conducen al sufrimiento y la angustia, deberán recordar siempre que yo, aquí en el Palacio de Triyastrimsha, he puesto a vuestro cuidado y confiado, hasta el advenimiento de Maitreya, a todos esos seres sufrientes del Mundo Saha, deseando que ustedes los liberen y los salven a todos, para que puedan continuar liberándose a sí mismos para siempre del sufrimiento, y así tener la posibilidad de encontrarse con los Budas y recibir de ellos predicciones".

En ese momento, todos los Bodhisattvas Ksitigarbhas emanados de todos los diferentes mundos se unieron en una sola entidad regresando a una sola forma, la cual derramando lágrimas de compasión, se dirigió al Buda diciendo: "Desde hace inmensos y largos kalpas he sido recibido y guiado por el Buda, que me concedió poder milagroso inconcebible y me dotó de gran sabiduría. Mis entidades emanadas divididas llenan cientos de miles de miríadas de millones de mundos -tantos como los granos de arena del Río Ganges.

"En cada uno de esos mundos, tengo cientos de miles de miríadas de millones de cuerpos de transformación. Cada uno de esos cuerpos ha liberado a cientos de miles de miríadas de millones de personas, haciéndoles que tomen refugio en la Triple Joya y de una vez y para siempre, que se liberen del nacimiento y la muerte y ayudándolos a lograr el gozo de Nirvana. Sin embargo, por cualquier acto virtuoso completado por un ser sintiente en el nombre del Buddhadharma—incluso si es tan pequeño como la punta de un cabello, una gota de agua, un grano de arena, una mota de polvo o un ápice—liberaré y salvaré a esa persona gradualmente, de modo que pueda lograr el máximo beneficio. Yo sólo espero que usted, Honrado por el Mundo, no se preocupe sobre aquellos seres de generaciones futuras que tienen un karma maligno".

Repitiendo esto tres veces, le dijo al Buda: "Honrado por el Mundo, sólo espero que usted no se preocupe sobre esos seres de generaciones futuras que tienen karma maligno".

En ese momento, el Buda elogió al Bodhisattva Ksitigarbha, diciendo: "¡Excelente, excelente! Te ayudaré a regocijarte. Podrás cumplir los grandes votos que tomaste hace largos kalpas. Una vez consumada la liberación universal, lograrás el Bodhi".

Capítulo III

Contemplación Sobre las Condiciones Kármicas de los Seres Sintientes

En ese momento, la Señora Maya, madre del Buda, haciendo una reverencia, con las palmas juntas, le preguntó al Bodhisattva Ksitigarbha: "Oh, Santo, ¿cuál será la retribución de los diferentes karmas creados por los seres sintientes de Jambudvipa?"

Ksitigarbha respondió: "Considerando los miles de miríadas de mundos y tierras, en algunos hay infiernos y en otros no hay ninguno. En algunos hay mujeres y en otros no hay ninguna. En algunos hay Buddhadharma y en otros no hay ninguno. Del mismo modo, esto se aplica a la presencia o ausencia de Shravakas y Pratyekabuddhas en los varios mundos. Por lo tanto, no hay sólo una categoría que describa la retribución para el pecado en los varios infiernos".

La Señora Maya se dirigió al Bodhisattva nuevamente y dijo: "Aún deseo escuchar sobre las clases de retribución en los caminos malignos, a causa de las ofensas cometidas, en Jambudvipa".

Ksitigarbha respondió: "Oh, Santa Madre, por favor escuche. Le hablaré brevemente sobre este tema".

La madre del Buda dijo: "Oh Santo, hágalo por favor".

El Bodhisattva Ksitigarbha se dirigió entonces a la Santa Madre y dijo: "En Jambudvipa, la retribución por los diversos pecados es la siguiente: Si alguien fracasara en cumplir sus tareas filiales hacia sus padres, o aún peor, los matara o los hiriera, caería en el Infierno Avichi, donde permanecería durante miles de miríadas de millones de kalpas sin una fecha para su liberación. Si alguien derramara la sangre de un Buda, difamara a las Tres Joyas o fracasara en respetar los Sutras, también caerían en el Infierno Avichi, donde permanecería durante miles de miríadas de millones de kalpas sin fecha para su liberación. Si alguien usurpara o dañara la propiedad de algún Establecimiento Permanente, o profanara a Bhikkus o a Bikhunis, o fuera indulgente con su deseo carnal en un Sangharama, o allí matara o hiriera a alguno, entonces caería en el Infierno Avichi y permanecería allí durante miles de miríadas de millones de kalpas sin fecha para su liberación. Si alguien fingiera ser un Sramana y en realidad no lo fuera de corazón, sino que por el contrario abusara del Establecimiento Permanente, mintiera a los laicos, violara los preceptos y cometiera toda clase de mal, tal persona caería en el Infierno Avichi, donde permanecería durante miles de miríadas de millones de kalpas sin fecha para su liberación. Si alguien robara cualquier propiedad del Establecimiento Permanente: granos, arroz, otros alimentos o vestimentas, o tomara cualquier otra clase de artículo de uso prohibido, caería en el Infierno Avichi y permanecerá allí durante miles de miríadas de millones de kalpas sin fecha para su liberación".

Ksitigarbha concluyó diciendo: "Oh, Santa Madre, cualquiera que comete tales pecados ciertamente caerá en el Infierno Avichi, donde sufrirá incesantemente, sin descanso ni siquiera por un instante".

La Señora Maya se dirigió al Bodhisattva Ksitigarbha nuevamente, preguntándole: "¿Qué es ese infierno conocido como Avichi?"

Ksitigarbha respondió: "Oh, Santa Madre, todos los infiernos están situados dentro de la Cadena Montañosa del Gran Anillo de Hierro. Hay dieciocho infiernos principales. También, hay quinientos infiernos secundarios con diferentes denominaciones, y hay además, cientos de miles de infiernos menores, teniendo cada uno una diferente denominación también. El Infierno Avichi está situado en una ciudad de infiernos cuya pared tiene más de ochenta mil millas de circunferencia. La ciudad está hecha enteramente de hierro y mide diez mil millas de altura. Sobre la ciudad hay una masa continua de fuego. Dentro de ella hay muchos infiernos interconectados y sus nombres también son diferentes. Uno de esos es el infierno único que se conoce como Avichi. En cuanto a él, sus paredes circunscriben más de dieciocho mil millas, tienen mil millas de altura y están hechas completamente de hierro. Llamas feroces flamean fuera de esas paredes, cubriéndolas enteramente de arriba a abajo y nuevamente de abajo a arriba. Serpientes y galgos de hierro escupen llamas feroces, corriendo de un lugar a otro y escudriñándolo todo a lo largo de las paredes infernales. Hay una mesa de tortura en este infierno y tiene una superficie de diez mil millas. Cuando sólo una persona recibe este castigo, puede verse a sí misma yaciendo postrada con su cuerpo estirado sobre toda la mesa. Cuando miles de miríadas de personas juntas reciben el castigo, ellas, de igual modo, pueden verse a sí mismas, cada una, yaciendo postrada allí con sus cuerpos estirados, cubriendo toda la mesa. Tal es el modo de retribución por los pecados inducidos debido a los varios karmas.

"Más aún, estas personas pecadoras sufren toda clase de torturas y aflicciones. Cientos de miles de Yakshas y otros demonios malvados tienen dientes como espadas, ojos como relámpagos destellantes y manos que parecen garras de cobre, arrastran o llevan a la fuerza a esos miserables pecadores hacia su castigo. Otros Yakshas sostienen grandes lanzas de hierro, atravesando con ellas los cuerpos—las bocas y las narices, los abdómenes y espaldas de esos seres miserables. Ellos sacuden a esas personas miserables en el aire y los vuelven a atrapar, para enseguida arrojarlos sobre la mesa de tortura.

"También, hay águilas de hierro que arrancan los ojos de esas personas miserables. También, hay serpientes de hierro que estrangulan a esas personas miserables. Uñas largas se hunden en sus varios miembros y articulaciones. Sus lenguas son arrancadas y removidas. Sus intestinos son extraídos y hechos pedazos. En sus bocas se vierte cobre fundido. Sus cuerpos son envueltos en hierro hirviente al rojo vivo. Mueren miríadas de veces y luego son revividos nuevamente otras miríadas de veces para torturarlos más. Tal es la retribución del karma. Esta tortura infernal debe durar millones de kalpas sin una fecha para descargo o liberación.

"Cuando este reino infernal del mundo es aniquilado, estos pecadores miserables trasmigrarán a otra vida y sufrirán en otro reino. Cuando ese otro reino también sea aniquilado, a su vez, trasmigrarán aún a otro reino más. Sin embargo, cuando todos estos reinos transmigratorios son finalmente aniquilados, ellos deben continuar trasmigrado nuevamente hasta regresar a su reino, que tomará forma una vez más. Tal es la retribución del pecado si uno cayera en el Infierno Avichi.

"Además, este infierno es conocido como Avichi porque está condicionado por cinco factores. ¿Cuál son esos factores? Primero, el castigo es soportado día y noche, kalpa tras kalpa, sin un momento de interrupción. Por eso es Avichi. Segundo, una persona puede llenarlo completamente y muchas personas también pueden llenarlo completamente. Por eso es Avichi. Tercero, hay castigo usando aparatos tales como tenedores, garrotes, águilas, serpientes, chacales, galgos, molinos, molinillos, sierras, cinceles, limas, hachas, ollas para hervir, redes y cuerdas de hierro, y mulas y caballos de hierro. Otras torturas horrorosas y castigos fuerzan a estos seres miserables a cubrir su cabeza con su propia piel después de ser desollados vivos, tras lo cual se vierte en su cuerpo hierro caliente fundido; y cuando tienen hambre son obligados a tragar pedazos de hierro y a beber hierro fundido cuando tienen sed. Esta tortura horrible e inimaginable sigue y continúa a lo largo de años y kalpas contados en nayutas. De esta manera, ellos sufren continuamente sin cesación de ningún modo. Por eso es Avichi. Cuarto, sin importar si estos pecadores son mujeres u hombres, bárbaros o civilizados, jóvenes o viejos, nobles o vulgares, si son nagas o dioses, devas o espíritus, todos recibirán la retribución del karma pecaminoso. Por eso es Avici. Quinto, si una persona cae en este infierno, morirá y renacerá miríadas de veces cada día y cada noche desde el momento de su entrada inicial hasta cientos de miles de kalpas futuros, y nunca tendrá ningún alivio o descanso de su sufrimiento y tortura de modo alguno ni siquiera por un instante.

"Solamente con la extinción de su karma pecaminoso es que finalmente podrá lograr salir del infierno para renacer en otros lugares. Debido a tal continuidad de sufrimiento y tortura, este infierno es, por consiguiente, conocido como Avichi".

Luego Ksitigarbha se dirigió a la Santa Madre, diciendo: "El Infierno Avichi, en su aproximación, es justamente como se lo he explicado. La descripción de los instrumentos de tortura completa y exhaustiva, de los castigos y del sufrimiento horroroso, no podría hacerse completa, aunque uno hablase durante todo un kalpa".

Habiendo escuchado esto, la Reina Señora Maya quedó entristecida. Hizo una reverencia con las palmas de sus manos juntas y se retiró.

Capítulo IV

La Retribución Kármica de los Seres Sintientes en Jambudvipa

En ese momento, el Bodhisattva Mahasattva Ksitigarbha se dirigió al Buda y dijo: "Oh, Honrado por el Mundo, por virtud del poder majestuoso y milagroso del Buda, pude dividirme en muchas formas a lo largo de cientos, miles, miríadas y millones de mundos para salvar y liberar a todos los seres sintientes que estaban sufriendo sus retribuciones kármicas. Sin el gran poder piadoso del Así Venido, no podría haber realizado solo tales transformaciones. Ahora he sido enviado por el Buda para liberar y salvar a todos los seres de los seis caminos de la existencia hasta el momento en que Ajita logre la Budeidad. Sí, en verdad, Honrado por el Mundo, por favor no se preocupe".

Entonces el Buda le dijo al Bodhisattva Ksitigarbha: "Todos esos seres sintientes que no han sido liberados son inseguros y inestables en su naturaleza y su conciencia. Sus malos hábitos producirán mal karma, y sus hábitos virtuosos fructificarán. Si son virtuosos o malvados, todo depende de las circunstancias que los rodean. Giran en los cinco caminos de la existencia sin un momento de cesación, continuando muy probablemente así durante incontables kalpas, en la confusión, en la ilusión, en los obstáculos y las dificultades como un pez atrapado en las redes en las vastas corrientes, que aunque escape de tales trampas y se libere temporalmente, pronto se verá atrapado en esas redes nuevamente. Por tales personas, normalmente me preocuparía. Sin embargo, como vas a honrar tus votos y tus deseos pasados, tomados kalpa tras kalpa, por la liberación amplia de todas esas personas pecadoras, ¿cómo podría tener alguna causa de preocupación adicional?"

Después de decir estas palabras, un Bodhisattva Mahasattva de la asamblea llamado Rey del Auto-domino en Samadhi se dirigió al Buda y dijo: "Honrado por el Mundo, ¿cuáles son los votos que hizo el Bodhisattva Ksitigarbha hace muchos kalpas, que merecen su recomendación profusa y su elogio? Sólo deseo que usted, Honrado por el Mundo, los describa brevemente".

Entonces el Honrado por el Mundo le dijo al Bodhisattva Rey del Auto-domino en Samadhi: "Escucha atentamente, escucha atentamente y considera esto bien. Ahora te explicaré este asunto. Piensa que en ese vasto tiempo antiguo antes de números inconmensurables de asamkhyeyas y nayutas inexpresables de kalpas. En ese momento, había un Buda conocido como El Así Venido Realizado Completamente en toda Sabiduría, que tenía los epítetos de Digno de Ofrendas, de Conocimiento Apropiado y Universal, de Claridad y Conducta Perfectas, Que Bien Ha Partido, Que Entiendo el Mundo, Señor Insuperable, Héroe que Calma y Regula, Maestro de

Dioses y Humanos, Buda y Honrado por el Mundo. Este Buda tuvo una vida de sesenta mil kalpas. Antes de abandonar su vida hogareña, era el rey de un pequeño país. Hizo amistad con el rey del país vecino, y juntos practicaron las diez virtudes para el beneficio de los seres sintientes. Como las personas de los países vecinos habían cometido muchos actos malvados, los dos reyes elaboraron un plan para proveerles abundantes recursos, por lo cual uno de los reyes hizo el voto de lograr la Budeidad prontamente y así liberar a todas esas personas malvadas sin excepción.

"A la vez, el otro rey hizo el voto de: 'Nunca me convertiré en un Buda si primero no he liberado a todos esos seres pecadores y sufrientes, haciendo que estén cómodos y gozosos, y permitiéndoles que logren el Bodhi".

El Buda, le dijo al Bodhisattva Rey del Auto-domino en Samadhi: "El rey que hizo la promesa de lograr la Budeidad prontamente, se convirtió en El Así Venido Realizado Completamente en toda Sabiduría; pero el otro rey, que hizo el voto de liberar siempre a todos los seres sintientes sin quererse convertir en un Buda hasta que todos ellos estuviesen liberados, es ahora el Bodhisattva Ksitigarbha.

"Nuevamente en el pasado, antes de inconmensurables asamkhyeyas kalpas, nació un Buda. Su nombre era El Así Venido Ojos Puros de Loto. Este Buda tuvo una vida de cuarenta kalpas. Durante el periodo de su

Apariencia del Dharma, hubo un Arhat que liberó a los seres sintientes por medio de su bienaventuranza y que los instruyó y los convirtió gradualmente. Este Arhat conoció a una mujer llamada Ojos Brillantes, que le proveyó de alimentos para honrarlo.

"El Arhat le preguntó a la mujer: «¿Cuál es tu deseo?» Ojos Brillantes respondió: «Desde el día en que murió mi madre, constantemente he intentado, por medio de bendiciones ganadas por mis donaciones, lograr su liberación. Me pregunto qué camino de la existencia está tomando ahora mi madre.»

"El Arhat tuvo piedad de ella y entró en Samadhi para descubrir el paradero de su madre. Él vio que la madre de Ojos Brillantes había seguido el mal camino y estaba sufriendo muy severamente. Luego le preguntó a la muchacha: «¿Qué hizo tu madre durante su vida que ahora se encuentra en el mal camino en una condición de sufrimiento extremadamente duro?» Ojos Brillantes respondió: «Mi madre estaba acostumbrada a disfrutar de comer sólo pescado, tortugas, y cosas así; y apreciaba principalmente sus huevos y corzos, ya fueran tostados o hervidos, complaciéndose en consumirlos. La cuenta del número de esas vidas sumaría hasta miles de miríadas y podrían incluso duplicar ese número. Piadoso y compasivo Venerable, ¿cómo podría salvarla?»

"El Arhat, teniendo piedad de ella, como un asunto de conveniencia, aconsejó a Ojos Brillantes, diciéndole: «Puedes recitar de todo corazón el nombre del

Así Venido Ojos Puros de Loto y también modelar y pintar su imagen por el beneficio de los vivos y los muertos.»

"Habiendo escuchado esto, Ojos Brillantes abandonó de una vez las cosas que atesoraba y dibujó la imagen del Buda. También le hizo ofrendas. Con sincero respeto, lo contempló y veneró sollozando tristemente. Súbitamente, después de medianoche, Ojos Brillantes soñó que veía al Buda, con su cuerpo dorado brillando, tan grande como el Monte Sumeru, emitiendo una gran luz brillante, que le decía: «Tu madre pronto renacerá en tu casa. Ella hablará tan pronto como comience a sentir hambre y frío.»

"Poco después, la sirvienta de la casa dio a luz a un bebé que comenzó a hablar cuando ni siquiera tenía tres días de haber nacido. El bebé se postró y lloró amargamente, diciéndole a Ojos Brillantes: «Uno recibe su propia retribución por todo el karma que ha creado, recibiendo los efectos durante sus vidas desde el nacimiento hasta la muerte. Yo era anteriormente tu madre, y he permanecido durante un largo tiempo en la oscuridad. Desde que te dejé, repetidamente he caído en los infiernos principales. Sin embargo, por virtud de tus bienaventuranzas, ahora puedo renacer, pero sólo en una clase baja y vulgar; y tendré sólo una vida corta, después de la cual nuevamente caeré en un camino malo a la edad de trece años. ¿Qué plan tienes para ayudarme a escapar de tal karma?»

"Habiendo escuchado esas palabras, Ojos Brillantes supo que este bebé era, indudablemente, su madre anterior. Quedó impresionada con sollozos, lloró amargamente y le dijo al bebé de la sirvienta: «Como fuiste, en verdad, anteriormente mi madre, debes ser consciente de tus propios pecados. ¿Qué hiciste que te causó caer en el mal camino de la existencia?» El bebé de la sirvienta respondió: «Estuve pagando la retribución por dos pecados kármicos que cometí: el asesinato y la difamación. Sin tu práctica, que ahora me ha rescatado y liberado de ese sufrimiento, no hubiera podido ser liberada debido a mi mal karma.»

"Ojos Brillantes preguntó: «¿Cómo es la retribución de los pecados en los infiernos?» El bebé de la sirvienta respondió: «Es insoportable relatar ese castigo y sufrimiento. Cientos de miles de años difícilmente serían suficientes para exponer cualquier descripción detallada de tales torturas y sufrimiento.» Al escuchar esto,

"Ojos Brillantes derramó lágrimas, llorando profusamente. Luego imploró hacia el espacio y dijo: «Que pueda mi madre estar siempre libre de los estados infernales y después de su décimo tercer año de su vida actual, no cometa ofensas serias ni experimente ningún camino malo de existencia. Que todos los Budas de todos los rincones de las Diez Direcciones tengan piedad y compasión de mí y escuchar este voto amplio que estoy por hacer por el bien de mi madre. Si mi madre pudiera siempre estar libre de seguir los tres caminos malos de existencia, no renacer nunca en esta clase baja y vulgar, y nunca tomar forma de mujer nuevamente en los kalpas por venir, entonces hago este voto frente a la imagen del Así Venido Ojo del Ojo Puro: Desde este día en adelante y a lo largo de cientos de miles de miríadas de millones de kalpas por venir, salvaré y liberaré a todos los seres pecadores, sufrientes, de todos los mundos, de todos los infiernos y de los tres caminos malos de la existencia, causándoles que abandonen los caminos malos de residentes del infierno, de animales y de espíritus hambrientos; y solamente después de que todos los seres sujetos a la retribución de los pecados hayan logrado la Budeidad, será que yo pueda lograr la iluminación completa.»

"Habiendo hecho este voto, ella escuchó al Así Venido Ojos Puros de Loto que le decía: «Ojos Brillantes, demuestras gran compasión y piedad tomando un voto tan noble y magnánimo por el bien de tu madre. Ahora veo que tu madre, al llegar a los trece años de edad, abandonará este cuerpo retributivo, renacerá como un brahmán y vivirá cien años. Después de esta vida retributiva, luego renacerá en la tierra Sin Preocupación, disfrutando de una vida de kalpas incalculables. Finalmente, logrará la Budeidad y liberará a los seres humanos y a los devas, tantos como los granos de arena del Río Ganges.»"

El Buda, continuando, le dijo al Rey del Autodomino en Samadhi: "El Arhat que liberó a Ojos Brillantes en ese momento es ahora el Bodhisattva Mente Inagotable. La persona que entonces era la madre de Ojos Brillantes es ahora el Bodhisattva Liberación, y la joven que entonces era Ojos Brillantes es ahora el Bodhisattva Ksitigarbha.

Durante los largos y vastos kalpas del pasado, Ksitigarbha fue tan profundamente misericordioso y piadoso que decidió hacer tantos votos como granos de arena del Río Ganges, de esa forma liberar generosa y considerablemente a todos los seres sintientes.

"En el futuro, si hombres o mujeres fracasaran en practicar actos virtuosos y sólo cometieran el mal, o si fracasaran en creer en la ley de causa y efecto y se complacieran en la sensualidad perversa, en la mentira, en el doble discurso, en las palabras agresivas o la difamación de los puntos de vista del Mahayana, tales personas pecadoras sin duda alguna caerían en los malos caminos de la existencia. Si, sin embargo, conocieran a amigos buenos y eruditos que los persuadieran para tomar refugio en el Bodhisattva Ksitigarbha, esos seres, en un abrir y cerrar de ojos, podrían ser liberados y salvados de la retribución de los tres caminos malos de la existencia. Es más, si veneraran de todo corazón, adoraran y elogiaran, ofrecieran incienso, flores, vestidos, joyas de toda clase, alimentos y bebidas y otras donaciones semejantes, entonces siempre disfrutarían, en el futuro, de la felicidad maravillosa en el cielo durante cientos de miles de miríadas de millones de kalpas. Finalmente cuando sus bienaventuranzas celestiales se extingan, descenderán nuevamente a los mundos humanos, convirtiéndose siempre en emperadores o reyes, que podrán recordar toda la historia, desde el comienzo hasta el fin, de sus existencias previas.

"Rey del Auto-domino en Samadhi, tal es el poder inconcebible, majestuoso e inmenso, que el Bodhisattva Ksitigarbha posee para entregar beneficios amplios a todos los seres sintientes. Ustedes, Bodhisattvas, deben por consiguiente aprender este Sutra de memoria, y hacerlo circular, difundirlo y relatarlo ampliamente".

El Rey del Auto-domino en Samadhi se dirigió al Buda y dijo: "Honrado por el Mundo, por favor no se preocupe. Nosotros, miles de miríadas de millones de Bodhisattvas Mahasattvas, sin duda alguna, podremos, por el poder majestuoso del Buda, exponer este Sutra ampliamente en Jambudvipa para el beneficio de todos los seres sintientes".

Habiéndose dirigido así al Buda, el Rey del Auto-domino en Samadhi, con las palmas juntas, respetuosamente rindió obediencia y se retiró.

Entonces los Reyes Celestiales de las Cuatro Direcciones se levantaron de sus asientos y, con las palmas juntas, se dirigieron respetuosamente al Buda y dijeron: "Honrado por el Mundo, desde que el Bodhisattva Ksitigarbha tomó esos grandes votos hace vastos kalpas, ¿cómo es que él aún no ha completado su trabajo de liberación y que ahora está, nuevamente, tomando votos profundos e inmensos? Esperamos que usted, Honrado por el Mundo, nos explique esto".

El Buda les respondió a los cuatro Reyes Celestiales: "¡Excelente, excelente! Ahora voy a contarles a ustedes, a los devas y los seres humanos del presente y del futuro, sobre las conveniencias que el Bodhisattva Ksitigarbha está haciendo en los caminos de nacimiento y muerte en Jambudvipa del Mundo Saha para otorgar misericordiosa y compasivamente la liberación y la salvación a todos los seres pecadores y sufrientes".

Los cuatro Reyes Celestiales dijeron: "Sí, en verdad, Honrado por el Mundo, nos deleitaremos escuchando".

El Buda les dijo a los cuatro Reyes Celestiales: "Desde hace vastos y largos kalpas, hasta el momento presente, el Bodhisattva Ksitigarbha ha estado liberando y salvando a los seres sintientes, pero todavía no ha cumplido completamente sus votos. Como tiene misericordia y piedad por todos los seres pecadores sufrientes de este mundo y ve que sus enredos no serán cortados durante incontables kalpas en el futuro, él nuevamente ha tomado votos colosales adicionales para enseñarles y convertirlos, acudiendo a cientos de miles de miríadas de millones de conveniencias en Jambudvipa del Mundo Saha.

"Reyes Celestiales, a aquellos que matan, el Bodhisattva Ksitigarbha les hablará sobre la retribución de la muerte prematura y del destiempo, por tales equivocaciones. A aquellos que roban, les hablará sobre la retribución de la angustia, la destitución y la indigencia.

"A aquellos que se complacen en la sensualidad perversa, les hablará sobre la retribución de nacer como pavo real, palomas y patos mandarines en vidas futuras. A quienes usan palabras rudas, les hablará sobre la retribución de disputas y peleas en la familia. A quienes difaman, les hablará sobre la retribución de no tener lengua o de las heridas ulcerosas en la boca. A quienes son irascibles y odiosos, les hablará sobre la retribución de la fealdad, de invalidez y las jorobas. A quienes son mezquinos y tacaños, les hablará sobre la retribución de no obtener lo que deseen. A quienes comen o beben en exceso, les hablará sobre la retribución del hambre y la sed o de las enfermedades de la garganta. A quienes se complacen en la cacería, les hablará sobre la retribución de morir de susto o de locura.

"A quienes desobedecen a sus padres, les hablará sobre la retribución de las calamidades y la destrucción del cielo o de la tierra. A quienes cometen incendios quemando bosques, les hablará sobre la retribución de la muerte o de las ilusiones enloquecidas. A quienes abusan de sus ahijados, les hablará sobre la retribución de ser abusado del mismo modo en vidas futuras. A quienes atrapan a crías de animales con redes, les hablará sobre la retribución de la separación de sus parientes sanguíneos.

"A quienes difaman a las Tres Joyas, les hablará sobre la retribución de la ceguera, la sordera y la mudez. A quienes desprecian al Dharma y la religión, les hablará sobre la retribución de la estancia permanente en los caminos malos de la existencia. A quienes abusan de las propiedades del Establecimiento Eterno, les hablará sobre la retribución de la trasmigración en el infierno durante millones de kalpas. A quienes mancillan las prácticas religiosas y agravian a la Sangha, les hablará sobre la retribución de la existencia permanente como animales. A quienes dañan vidas mediante la cocción, el fuego, el corte o el hachado, les hablará sobre la recompensa retributiva apropiada en la trasmigración.

"A quienes violan los preceptos y rompen la abstinencia, les hablará sobre la retribución de la sed y la hambruna como aves y bestias. A quienes destruyen cosas sin ningún motivo, les hablará de la extinción completa de las necesidades que buscan. A quienes son orgullosos y egocéntricos, les hablará sobre la retribución de ser bajos y vulgares. A quienes usan doble discurso o la hipocresía para instigar los problemas, les hablará sobre la retribución de no tener lengua o de tener cien lenguas. A quienes tienen puntos de vista equivocados, les hablará sobre la retribución de renacer en la región periférica. Tales son los resultados producidos por las malas acciones: los karmas físicos, verbales y mentales de los seres sintientes en Jambudvipa, así como los cientos de miles de modos de encontrar su retribución apropiada.

"He hablado sobre ellos sólo en general y brevemente. Los seres sintientes en Jambudvipa, como los descritos, instigarán varias y diferentes respuestas y resultados kármicos. Aquellos seres sintientes primero recibirán esas diferentes clases de retribución como las descritas y después caerán en el infierno, muy probablemente permaneciendo allí durante un buen número de kalpas sin una fecha de descanso o liberación.

"Sin embargo, el Bodhisattva Ksitigarbha recurrirá a cientos de miles de miríadas de millones de conveniencias para enseñarles, convertirlos y liberarlos. Por consiguiente, ustedes, protectores de la gente y los países, ayúdenlo y no permitan que esas varias causas y resultados de pecado lleven a que los seres sintientes se extravíen".

Los cuatro Reyes Celestiales, habiendo escuchado esto, derramaron lágrimas, suspiraron tristemente y se retiraron con las palmas juntas de sus manos unidas.

Capítulo V

Los Nombres de los Infiernos

En ese momento, el Bodhisattva Mahasattva Virtud Universal (Samantabhadra) se dirigió al Bodhisattva Ksitigarbha y dijo: "¿Hablará usted, Señor, amablemente por el beneficio de los devas, nagas y la cuádrupla asamblea, así como para todos los seres sintientes del futuro y del presente, sobre los lugares donde debe encontrarse la retribución para los seres pecadores sufrientes de Jambudvipa del Mundo Saha, notando, también, las denominaciones de los varios infiernos y las diferentes clases de retribución por malas acciones, de modo que aquellos seres sintientes del periodo de la Decadencia del Dharma en el futuro sepan acerca de tal retribución?"

Ksitigarbha respondió: "Señor Virtuoso, respetando plenamente el majestuoso espíritu del Buda y el poder del Mahasattva, ahora le hablaré sobre las denominaciones de los varios infiernos así como las diferentes clases de retribución por las diferentes tipos de pecados y malas acciones.

"Señor, al este de Jambudvipa hay una montaña conocida como la Cadena Montañosa del Gran Anillo de

Hierro. Esta montaña es oscura y profunda y no recibe luz del sol ni de la luna. Allí hay un infierno principal llamado «Avichi» y otro infierno llamado «Mahavichi». Hay otro infierno llamado «Con Cuatro Esquinas» y otro infierno llamado «Dagas Voladores». Asimismo hay otro infierno llamado «Flechas de Fuego» y otro infierno llamado «Montañas Estranguladoras». Además hay otro infierno llamado «Lanzas Penetrantes» y otro infierno llamado «Carro de Hierro». Igualmente hay otro infierno llamado «Mesa de Hierro» y otro llamado «Buey de Hierro». Hay otro infierno llamado «Mil Cuchillos» y otro llamado «Mula de Hierro». Indistintamente hay otro infierno llamado «Cobre Fundido» y otro llamado «Pilar de Abrazo». Además, hay otro infierno llamado «Fuego Fluyente», otro llamado «Lengua Cultivada», otro llamando «Cabezas Limadas», otro llamado «Pies Chamuscados», otro llamado «Ojos Picoteados», otro llamado «Perdigones de Hierro», otro llamado «Pelea-Disputa», otro llamado «Hacha de Hierro» y finalmente en esta descripción hay otro infierno llamado «Mucho Odio»".

Ksitigarbha continuó diciendo: "Señor, dentro de la Cadena Montañosa del Gran Anillo de Hierro existen tales infiernos infinitos en número. Además de los infiernos que ya he mencionado, está el Infierno «Grito Alarido», el Infierno «Lenguas Tironeadas», el Infierno «Excremento y Orina», el Infierno «Cerradura de Cobre», el Infierno «Elefante de Fuego», el Infierno «Galgo de Fuego», el Infierno «Caballo de Fuego», el Infierno «Buey de Fuego», el Infierno «Colina de Fuego», el Infierno

«Roca de Fuego», el Infierno «Cama de Fuego», el Infierno «Viga de Fuego», el Infierno «Águila de Fuego», el Infierno «Dientes de Serrucho», el Infierno «Piel Desgarrada», el Infierno «Beber Sangre», el Infierno «Manos Chamuscadas», el Infierno «Pies Ardientes», el Infierno «Espinas Invertidas», el Infierno «Residencia de Fuego», el Infierno «Residencia de Hierro», y el Infierno «Lobo de Fuego». Dentro de cada uno de estos infiernos hay, a su vez, algunos infiernos menores, uno o dos en algunos, tres o cuatro en otros, o incluso cientos o miles en algunos casos, teniendo cada uno su propia denominación".

El Bodhisattva Ksitigarbha, extendiéndose en su explicación, le dijo al Bodhisattva Virtud Universal: "Señor, estos son los lugares y los modos en que los seres sintientes de Jambudvipa, que crean mal karma, reciben su retribución. El karma es tremendamente poderoso. Es capaz de cubrir el Monte Sumeru, es capaz de llenar las vastas profundidades oceánicas, y hasta es capaz de obstruir las doctrinas santas. Por consiguiente, los seres sintientes no deberían descuidar los males menores como si no fueran pecaminosos; porque la retribución será encontrada por ellos después de su muerte por cada mala intención o violación, aunque sea tan pequeña o insignificante como un ápice. Hasta los seres tan cercanamente relacionados como padres e hijos se dividirán en sus respectivos caminos, y aunque se encuentren de nuevo, uno no puede recibir el castigo del otro. Ahora, por la virtud de los poderes majestuosos del Buda, daré una descripción breve de las varias clases de retribución por los diferentes pecados en los infiernos que ya he mencionado. Sólo espero que usted escuche cuidadosamente mis palabras".

Virtud Universal respondió: "Siempre he conocido, desde hace mucho tiempo, las retribuciones en los tres caminos malos de la existencia. Señor, ¿hablará usted por favor sobre ellos de modo que todos los malhechores a partir de aquí, en el periodo de la Decadencia del Dharma, puedan escucharlo y, entonces, tomar refugio en el Buda?"

Ksitigarbha dijo: "Señor, algunas de las diferentes clases de retribución que se encuentran en los varios infiernos son las siguientes: en algunos infiernos, las lenguas de los seres castigados son arrancadas para ser aradas por bueyes; en otros, los corazones de los seres castigados son arrancados para ser devorados por Yakshas; en otros, los cuerpos de los seres castigados son hervidos en grandes ollas llenas de agua chirriante en ebullición; en otros, los seres castigados son obligados a abrazar pilares de cobre al rojo vivo, quemante; en otros, los seres castigados son buscados y atrapados por llamaradas de fuego; en otros, siempre hace un frío helado; en otros, hay excreciones sucias ilimitadas; en otros, son arrojados y lanzados dardos y perdigones; en otros, espadas feroces cortan continuamente; en otros, sólo son golpeados los pechos y las espaldas de los seres castigados; en otros, sólo son quemados sus pies y sus manos; en otros, hay serpientes de hierro enroscándose y retorciéndose alrededor de los seres castigados; en otros, hay galgos de hierro persiguiéndolos; y en otros más, hay mulas de hierro que ellos tienen que cabalgar.

"Señor, para tales clases de retribución hay cientos de miles de clases de instrumentos de tortura y castigo en cada uno de los infiernos; esos instrumentos están hechos sólo de cobre, hierro, roca o fuego. Estas cuatro clases de condiciones, así como la forma de los instrumentos de tortura y castigo, son causadas por los varios actos kármicos pecaminosos. Ahora, gracias al poder espiritual majestuoso del Buda y a su pregunta, apenas he completado un breve relato de las diferentes clases de retribución en las varias clases de infiernos. Sin embargo, dar una descripción exhaustiva de cada clase de retribución para cada clase de pecado en todos y cada uno de los tipos de infiernos, con las cientos de miles de torturas miserables en cada uno de los innumerables infiernos, no sería posible ni siquiera si continuara durante innumerables kalpas".

Capítulo VI

Alabanzas del Así Venido

En ese momento, el Honrado por el Mundo emitió de todo su cuerpo grandes luces brillantes que resplandecieron a través de todos los cientos de miles de miríadas de millones de tierras del Buda, en verdad, contándose en tantas como el número de granos de arena del Río Ganges. Con una voz tremenda y atronadora, él exhortó a todos los Bodhisattvas Mahasattvas, devas, nagas, demonios, deidades y seres humanos y no humanos de las varias tierras de Buda y dijo: "¡Todos ustedes, escuchen! Porque hoy voy a elogiar los actos del Bodhisattva Mahasattva Ksitigarbha, que manifestando sus poderes grandes, inconcebibles, misericordiosos y compasivos, salva y protege a todos los seres pecadores y sufrientes en todos los mundos de las Diez Direcciones. Después de mi Nirvana, ustedes, Bodhisattvas Mahasattvas, devas, nagas, demonios y deidades, deberán acudir a medios hábiles para preservar este Sutra y para causar que todos los seres sintientes alcancen el Nirvana por sí mismos".

Después de decir esto, un Bodhisattva de la congregación llamado Universalmente Expansivo, con las palmas juntas, se dirigió reverentemente al Buda diciendo:

"Ahora vemos que usted, Honrado por el Mundo, elogia elevadamente al Bodhisattva Ksitigarbha por poseer tales virtudes inconcebibles, grandes, majestuosas y sagradas. Sólo se espera que usted, Honrado por el Mundo, describa, por el beneficio de aquellos seres sintientes del futuro, durante el periodo de la Decadencia del Dharma, cosas tales como las causas y los resultados de los actos del Bodhisattva Ksitigarbha que benefician a los seres humanos y a los devas, para que las ocho categorías, incluyendo a los devas y a los nagas, y los seres sintientes de periodos futuros, acepten y adoren las palabras del Buda".

Entonces el Honrado por el Mundo le respondió al Bodhisattva Universalmente Expansivo y a todas las clases de seres sintientes allí reunidos, diciendo: "¡Escuchen atentamente, escuchen atentamente! Voy a hablarles brevemente sobre las cosas virtuosas y bienaventuradas que ha hecho el Bodhisattva Ksitigarbha para beneficiar a seres humanos y a devas".

Universalmente Expansivo dijo: "Sí, en verdad, Honrado por el Mundo, estaremos deleitados de escuchar".

El Buda le dijo a Universalmente Expansivo: "Si un hombre bueno o una buena mujer en el futuro, al escuchar el nombre del Bodhisattva Mahasattva Ksitigarbha, unieran sus palmas, lo elogiaran y lo veneraran o lo admiraran, tal persona sería exonerada de las culpas kármicas contraídas durante treinta kalpas.

"Universalmente Expansivo, si un hombre bueno o una buena mujer hicieran una imagen de este Bodhisattva, ya sea pintándolo o dibujándolo o modelándolo en arcilla, piedra, pegamento, laca, oro, plata, cobre o hierro, y luego hicieran aunque sea una sola observancia o hicieran un solo acto de adoración hacia él, tal persona renacería en los treinta y tres reinos celestiales cien veces sucesivas, no cayendo jamás nuevamente en ningún camino malo. Aun cuando la bienaventuranza celestial se extinguiera, él todavía renacería en el mundo terrenal como rey de un país, sin pérdida de sus inmensas ventajas.

"Si una mujer que odia la feminidad hiciera ofrendas a la pintura del Bodhisattva Ksitigarbha, o a su imagen hecha de arcilla, piedra, laca, pegamento, cobre, hierro, o algún otro material, y si hiciera esto diariamente sin falta, usando cosas como flores, incienso, comida, bebida, vestimenta, accesorios, cortinas, banderas, dinero, joyas, u otros elementos a razón de ofrendas, esa buena mujer nunca renacería en un mundo que tenga ninguna mujer en absoluto durante un periodo de cientos de miles de miríadas de kalpas después de que termine su vida retributiva actual en forma de mujer, por no mencionar que no deberá soportar ningún periodo posterior de feminidad. A menos que ella deseara, por virtud de su voto compasivo, asumir la feminidad para liberar y salvar a los seres sintientes, ella no deberá asumir la feminidad durante un periodo de cientos de miles de miríadas de kalpas por virtud de las ofrendas hechas al Bodhisattva Ksitigarbha y a causa de las virtudes meritorias logradas por tales ofrendas.

"Más aún, Universalmente Expansivo, si una mujer odiara su fealdad y su propensión a la enfermedad pero de todo corazón venerara a Ksitigarbha frente a su imagen, tal persona, enseguida después de su muerte, renacería, en la duración de tiempo que lleva comer una comida, durante miles de miríadas de kalpas, con una forma y apariencia perfectamente admirable. Si esta fea mujer no aborreciera la feminidad, durante cientos de miles de miríadas de millones de vidas futuras, siempre nacería como una princesa, una dama real, o como la hija de un alto oficial en un gran clan familiar de un gran anciano; y disfrutaría de un nacimiento agraciado y de una forma perfecta, admirable, en cada vida. Es por virtud de su adoración de todo corazón al Bodhisattva Ksitigarbha que tal bienaventuranza será lograda.

"Más aún, Universalmente Expansivo, si algún buen hombre o buena mujer pudiera interpretar varias clases de música, cantara alabanzas y ofreciera incienso y flores frente a la imagen del Bodhisattva, o persuadiera incluso a una persona o a varias personas para hacer lo mismo, tal persona tendría la protección y el resguardo, día y noche, en el presente como en el futuro, de miles de demonios y deidades, de modo que ningún mal llegaría ni siquiera a sus oídos, mucho menos, personalmente, jamás encontraría ninguna desgracia o mal.

"Más aún, Universalmente Expansivo, si en el futuro cualquier mala persona, deidades malignas o demonios perversos, observaran que un buen hombre o una buena mujer toma refugio en el Bodhisattva, le hace ofrendas, le alaba y venera su imagen; si ellos ridiculizaran y despreciaran a esas personas, y afirmaran que tales acciones no tienen mérito o virtud o beneficio, y se rieran mostrando sus dientes o hicieran objeciones a sus espaldas o persuadieran a otros para que objetaran junto con ellos, o tuvieran alguna objeción de cualquier modo por esos hombre buenos y mujeres buenas, o si tuvieran aunque sea un solo pensamiento de escarnio o ofensa, tales despreciativos caerían, como su retribución por su ridiculización y desprecio llevándolos al Infierno Avichi y permaneciendo allí hasta el Nirvana de los mil Budas en el Kalpa Auspicioso, recibiendo constantemente castigos extremadamente severos. Además, incluso ese kalpa deberá transcurrir antes de que tales difamadores puedan ingresar siquiera al camino de los espíritus hambrientos. Otros mil kalpas deberán pasar antes de que ellos puedan entrar en el camino de los animales. Finalmente, todavía deberán pasar otros mil kalpas antes de que puedan entrar en el camino de los seres humanos. Sin embargo, aun como seres humanos, ellos están sujetos a ser pobres, indigentes, bajos y vulgares, deficientes en algunos órganos corporales y severamente bloqueados mentalmente por el mal karma de modo que seguramente continuarán siempre cayendo en un mal camino de la existencia u otro.

Así que ves, Universalmente Expansivo, es muy malo ridiculizar y despreciar las donaciones y la adoración sincera de los demás; pero es mucho peor, en verdad, engendrar otros puntos de vista malvados que busquen llevar a cabo la destrucción del Buddhadharma.

"Más aún, Universalmente Expansivo, en el futuro algunos hombres o mujeres estarán postrados en sus camas durante un largo tiempo, y sus plegarias para recuperarse no se les responderán como tampoco sus plegarias de muerte. Por la noche soñarán con demonios malignos o con sus familiares y parientes, o que están deambulando por un sendero peligroso. A veces tendrán pesadillas acerca de estar en compañía de demonios o deidades. A medida que pasen los días, los meses y los años, se volverán extremadamente débiles y caerán gravemente enfermos, quejándose trágica y patéticamente, llenos de angustia en sus sueños. Esas personas representan casos de karma bajo juicio, la gravedad de los cuales aún no está decidida, y encuentran difícil terminar con su vida o descubren que es imposible recuperarse.

"Tales situaciones son discernibles hasta para los ojos de los seres humanos. Para ayudar a esas personas es necesario recitar este Sutra en voz alta sólo una vez frente a las imágenes de Budas y Bodhisattvas, o tomen algo que el paciente aprecie, tal como vestimentas, joyas, jardines o casas, y reciten en voz alta al paciente como sigue: «Yo, tal y tal (el nombre) en nombre de este paciente, estoy donando estos artículos frente al Sutra y a los íconos para honrar al Sutra y a los íconos o para construir íconos de

Budas y Bodhisattvas o para construir Estupas y templos o para encender lámparas de aceite o para beneficiar a establecimientos eternos.» De tal manera, este pronunciamiento debería ser repetido tres veces al paciente de modo que pueda escucharlo y comprenderlo.

"Si su conciencia se ha dispersado o su respiración se ha detenido, sólo hagan el pronunciamiento y reciten el Sutra en voz alta durante un día o dos, tres o cuatro días o incluso hasta siete días. Desde ese momento en adelante, ese paciente será exonerado, de una vez por todas después de su muerte, de todas sus previas miserias e iniquidades graves así como de cualquiera de los cinco pecados imperdonables que pueda haber cometido. Más aún, será consciente de sus vidas previas dondequiera que pueda renacer. Todo esto es maravilloso, pero ¡cuánto más será la recompensa lograda por aquellos buenos hombres y buenas mujeres que copien este Sutra o hagan que otros lo copien, o que modelen o pinten el ícono o imagen del Buda, o incluso quienes hagan que otros lo tallen o lo pinten para ellos! Ellos ciertamente ganarán tremendo beneficio.

"En consecuencia, Universalmente Expansivo, si ves a alguien recitando este Sutra o incluso teniendo un simple pensamiento de alabanza y respeto por él, debes recurrir a cientos de miles de conveniencias para alentar a esta clase de personas a ser diligente sin retrogresión para que pueda obtener miles de miríadas de millones de virtudes meritorias inconcebibles en el futuro así como en el presente.

"Más aún, Universalmente Expansivo, si en cualquier mundo futuro, cualquier ser sintiente, en sus sueños, viera algunos demonios o deidades o incluso seres de otras formas sollozando y suspirando o llorando y atemorizados, ellos deberían comprender que estos seres fueron sus padres, madres, hermanos hermanas, esposos, esposas u otros parientes en una, diez, cien o mil vidas en el pasado, y que ellos están presentes en caminos malos de la existencia, aún no se han liberado y no tienen esperanza de ningún modo para cualquier poder bienaventurado que los libere. Ellos sólo pueden, en sueños, exhortar a sus parientes sanguíneos anteriores a recurrir a conveniencias para ayudarlos en su deseo de escapar de los caminos malignos.

"Universalmente Expansivo, con tu poder milagroso, deberías ordenar a las personas que tienen tales sueños a recitar este Sutra con toda sinceridad, frente a imágenes de Budas o Bodhisattvas, o pedirles a otros que los reciten para ellos, tres o siete veces. Luego, esos parientes en caminos malos, que aparecieron en sus sueños, lograrán la liberación al final de la recitación repetida de este Sutra. También, esos parientes anteriores nunca aparecerán nuevamente en los sueños de los vivos.

"Más aún, Universalmente Expansivo, si en cualquier mundo futuro, algunas personas bajas o vulgares, ya sean sirvientas o esclavos, o algunas personas privadas de su libertad pero conscientes de su karma previo y deseosas de arrepentirse, deberían contemplar y venerar la imagen del Bodhisattva Ksitigarbha, y si ellos recitaran, durante un periodo de siete días al final de su vida presente, el nombre del Bodhisattva no menos de diez mil veces, tales personas siempre renacerían en posiciones de honor durante miles de miríadas de renacimientos; y mucho menos soportarán nuevamente el sufrimiento de los tres caminos malos de la existencia.

"Más aún, Universalmente Expansivo, si en cualquier mundo futuro, a personas como ksatriyas, brahamanes, ancianos o jefes de familia, o a aquellos de otros clanes en Jambudvipa les llegara un recién nacido -sea niño o niña- y si los padres entonaran enseguida este Sutra inconcebible e invocaran el nombre del Bodhisattva no menos de diez mil veces, entonces ese recién nacido -sea niño o niña- sería exonerado de karmas previos desastrosos, si es que lo tuviera, y disfrutaría de liberación, felicidad, se criaría fácil y tendría una vida más larga; y aquellos renacidos con karmas bienaventurados disfrutarían, a su vez, de una felicidad y una longevidad extendidas.

"Más aún, Universalmente Expansivo, en cuanto a los seres sintientes de cualquier mundo futuro -el primer, octavo, decimocuarto, decimoquinto, decimoctavo, vigésimo tercero, vigésimo cuarto, vigésimo octavo, vigésimo noveno y trigésimo día del mes serán los días en que sus ofensas serán juzgadas y el grado de severidad de su retribución será decidido. Si los seres sintientes de Jambudvipa crearan karma y cometieran pecados, ya sea cuando se muevan, descansen o piensen, entonces ¡cuánto peor son los pecados cometidos y el karma creado por quienes se complacen en matar, robar, tener lujuria, mentir y cometer cientos de miles de otros actos pecaminosos!

"Sin embargo, si los seres sintientes pueden recitar este Sutra sólo una vez frente a imágenes de Budas, Bodhisattvas, sabios y santos en cada uno de esos diez días de abstinencia, entonces ninguna calamidad llegará en cien Yojanas al este, oeste, sur y norte de sus hogares; y los viejos y jóvenes de sus hogares nunca seguirán caminos malos ni en el presente ni en el futuro de cientos de miles de eras. También, si pudieran leer este Sutra sólo una vez en esos diez días de abstinencia, entonces sus hogares estarían libres, incluso en el momento presente, de toda enfermedad inesperada y estarían plenamente abundantes en comida y vestimenta.

"Por consiguiente, Universalmente Expansivo, deberías ser consciente de que tales inconcebibles cientos de miles de miríadas de cosas beneficiosas son completadas por virtud del gran, majestuoso y milagroso poder del Bodhisattva Ksitigarbha. Los seres sintientes de Jambudvipa tienen fuertes afinidades con este Mahasattva. Aquellos seres sintientes, al escuchar el nombre de este Bodhisattva o al ver su imagen, o incluso al escuchar tres palabras, cinco palabras, una oración o un gatha de este Sutra, disfrutarán de una felicidad extraordinaria maravillosa en el presente y lograrán dignidad y renacerán en familias nobles y honorables durante cientos de miles de miríadas de millones de renacimientos en el futuro".

En este momento, el Bodhisattva Universalmente Expansivo, habiendo escuchado al Buda, así como las alabanzas y recomendaciones del Así Venido hacia el Bodhisattva Ksitigarbha, se arrodilló ante el Buda con las palmas juntas y dijo: "Honrado por el Mundo, yo supe desde hace mucho tiempo que este Mahasattva poseía tal poder milagroso e inconcebible y gran fuerza para los votos. Sin embargo, por el beneficio de todos los seres sintientes del futuro, para que ellos puedan ser conscientes también -yo sólo con ese propósito- hago esta pregunta final. Sí, en verdad, Honrado por el Mundo, para que puedan honrarlo y aceptarlo, ¿cómo debe ser denominado este Sutra y cómo lo difundiremos?"

El Buda le dijo a Universalmente Expansivo: "Hay tres nombres para este Sutra. Uno es El Sutra de los votos pasados del Bodhisattva Ksitigarbha. Otro es El Sutra de las acciones propias de Ksitigarbha. Y otro más es El Sutra de los votos y el poder fundamentales de Ksitigarbha. Como este Bodhisattva realmente hizo votos grandes y profundamente serios hace vastos y largos kalpas, por el beneficio de todos los seres sintientes, ustedes, por consiguiente, deberían difundirlo de acuerdo a sus deseos".

Habiendo escuchado esto, Universalmente Expansivo rindió homenaje reverentemente con las palmas de sus manos juntas y se retiró.

Capítulo VII

Beneficiando a Vivos y Muertos

En ese momento, el Bodhisattva Mahasattva Ksitigarbha dijo al Buda: "Honrado por el Mundo, veo que los seres sintientes de Jambudvipa no están haciendo nada más que cometer pecados cuando surge un pensamiento o cuando una idea es generada. Cuando, por casualidad, les ocurre que logran algunos buenos beneficios, frecuentemente retroceden de sus mentes iniciales. En condiciones malas, los malos pensamientos crecen uno tras otro. Tales seres, individualmente, son como alguien en un camino fangoso llevando esforzadamente una gran carga de piedras, la cual se vuelve cada vez más pesada y molesta, causándole que con cada paso se hundan más profundamente en el lodo. Si se encontrara con un amigo, éste, sin duda, compartiría su carga o lo ayudaría, o se haría cargo completamente de ella. Como este amigo es muy poderoso, él también apoyaría y ayudaría al sobrecargado, aconsejándole que mantenga su paso firme y estable, que haga todo lo posible por dirigirse a un camino seguro y nivelado, que evite el camino malo y, que sobre todo, para no reincidir, permanezca consciente de él.

"Honrado por el Mundo, los seres sintientes que practican el mal pueden comenzar realizando o ejecutando solamente un pequeño acto malo, al cual, si no se controla y detiene, eventualmente crecerá en proporción inconmensurable de mal. Cuando esos seres sintientes con tan malos hábitos están en el fin de su vida, sus padres u otros parientes deberían, intencional y deliberadamente, generar bendiciones para ellos como una provisión para su camino a seguir. Esto puede hacerse ya sea colgando banderas y doseles y encendiendo lámparas de aceite, recitando Sutras venerados, dando ofrecimientos a imágenes de Budas o de Santos, o incluso invocando los nombres de Budas, Bodhisattvas y Pratyekabuddhas. Cuando un nombre o un título llega a los oídos del moribundo y lo acepta en su conciencia -aunque ese ser sintiente, seguramente caiga en algún camino malo de la existencia a causa de los resultados inducidos por el mal karma que produjo- por la derivación de las causas santas que sus parientes han cultivado para él, él será entonces exonerado por completo de sus pecados.

"Más aún, se recomienda que los vivos practiquen muchas buenas acciones durante cuarenta y nueve días después de su muerte, ya que la fuerza de las acciones buenas distanciará permanentemente al muerto de todos los caminos malos y le permitirá renacer como un ser humano o como un deva para disfrutar de una felicidad extraordinaria y maravillosa, trayendo también, beneficios incontables a sus parientes vivos.

"Por consiguiente, ahora, ante la presencia del Buda, el Honrado por el Mundo, y de las ocho categorías de seres, incluyendo a los devas, y los nagas junto con el resto de las ocho categorías de los seres humanos y no-humanos, les aconsejo a los seres sintientes de Jambudvipa que sean cuidadosos en el día y durante los días siguientes a la muerte de alguien, no matando ni destruyendo ni creando malas condiciones, o sea, venerando y ofreciendo sacrificios a demonios y deidades o recurriendo a monstruos o duendes. ¿Por qué? Simplemente porque tal matanza y asesinato cometido, o tal adoración practicada o tal sacrificio ofrecido, no tendría ni un ápice de fuerza para beneficiar al muerto, sino que ligaría aún más malas condiciones kármicas, haciéndolas aun más profundas y más graves. En el futuro o en el presente, uno podría incrementar su potencial para lograr la santidad o renacer entre devas o seres humanos, pero si estos parientes crean cualquier mal karma en su lecho de muerte, debido a las ofensas cometidas por su familia, él estará obligado a defenderse contrarrestando esas causas malas y así, retrasaría su renacimiento en un buen estado. ¡Cuánto peor debe ser, entonces, para aquellos que muriendo, han tenido muy pocas buenas raíces y que por sí mismos caerán en caminos malos de acuerdo a su respectivo karma! ¿Cómo pueden los parientes ser indulgentes incrementando o aumentando el mal karma de los moribundos? Diríamos que esto es como la situación en la que alguien ha recorrido una larga distancia durante tres días llevando una pesada carga de más de cien kilos, y por ese tiempo no ha comido en absoluto. Entonces casualmente, se encuentra con un vecino que sin pensarlo apila algo más sobre su espalda para que lo lleve. ¡Esto haría aún más molesta a su ya pesada carga!

"Honrado por el Mundo, percibo que si los seres sintientes de Jambudvipa pudieran realizar algunas buenas acciones en el Buddhadharma, aunque tales prácticas sean sólo tan pequeñas como la punta de un cabello, una mota de polvo, un grano de arena o una gotita de agua, ellos podrán ganar beneficios por sí mismos".

Cuando esta declaración concluyó, un anciano de la asamblea, llamado Gran Elocuencia, que hacía tiempo había comprendido la condición increada del No-Nacimiento y estaba convirtiendo y liberando a los seres sintientes –en la forma de un anciano- de todos los rincones de las Diez Direcciones, unió las palmas de sus manos en reverencia y le preguntó al Bodhisattva Ksitigarbha: "Mahasattva, en Jambudvipa, después de la muerte de un ser vivo, si sus parientes -sean jóvenes o viejos cultivaran la virtud meritoria para él, proveyeran comidas vegetarianas o crearan otras causas buenas semejantes a esas, ¿ganarían tales personas grandes beneficios así como también la liberación y la salvación?"

Ksitigarbha respondió: "Señor, por medio del poder majestuoso del Buda, voy a hablar brevemente sobre este tema para el beneficio de todos los seres sintientes de las generaciones futuras y presentes. Su Excelencia, si cualquier ser sintiente –ya sea pecador o inocente- en el futuro o en el presente pudiera al final de su vida escuchar el nombre de un Buda o de un Bodhisattva o de un Pratyekabuddha, ganarían la liberación y la salvación.

"Si algunos hombres o mujeres no practicaban cultivando buenas causas kármicas y cometieran varios pecados mientras viven, pero sus parientes -sean jóvenes o viejos- practicaran en su nombre todos los sacramentos bienaventurados y beneficiosos después de su muerte, entonces una de cada siete partes de la virtud meritoria así lograda irá a la persona muerta, mientras que seis partes restantes serán para los mismos vivos. Por esta razón, los buenos hombres y las buenas mujeres del futuro y del presente deberían practicar mientras aún están saludables de modo que puedan lograr cada parte de tal virtud meritoria.

"El gran demonio la Impermanencia podría llegar inesperadamente. Entonces el espíritu inestable de uno, vagando en la oscuridad, no sabría si estaba soportando el sufrimiento o disfrutando de la felicidad. Durante los cuarenta y nueve días, estaría como si estuviera aturdido o sordo, o como si estuviera ante una corte donde se discute sobre su resultado kármico, haciéndole un juicio después del cual, él iría a renacer de acuerdo a su karma. En el intervalo, sin embargo, su situación impredecible, sobre la cual esa persona no tiene control en absoluto, le causaría miles de preocupaciones y miríadas de sufrimientos. ¡Cuánto peor, entonces, sería la situación para aquellos que están condenados a los caminos malos!

"Esta persona muerta que aún no ha renacido, sin duda, esperaría a cada instante, durante este periodo de cuarenta y nueve días después de su muerte, que sus parientes sanguíneos hagan algo para ejercer cierto poder bienaventurado para liberarla. Después de este periodo, encontrará su retribución según su karma. Porque un pecador está inclinado a estar a cientos de miles de años antes de su absolución. Sin embargo, para los cinco pecados imperdonables -por los cuales uno merece ser lanzado a los infiernos principales- habrá miles de miríadas de kalpas de sufrimiento y de miserias perpetuas antes de que haya alguna absolución.

"Más aún, Anciano, si después de la muerte de tal ser sintiente con karma pecaminoso, sus parientes sanguíneos prepararan y proveyeran comidas vegetarianas en su nombre para proveerlo y ayudarlo a lo largo de su camino kármico, ellos deben hacerlo de tal modo que ningún arroz lavado o ninguna hoja de verdura picada sea desperdiciada de ninguna manera ni descartada durante la preparación o antes de la consumación de tal comida; ellos deben, también, asegurarse de que nadie participe de esa comida antes de que haya sido ofrecida al Buda y a la Sangha. Cualquier negligencia o violación de estas precauciones haría que el trabajo para el muerto sea ineficaz. Si se emplea el cuidado y la diligencia para mantener la pureza en las ofrendas al Buda y la Sangha, entonces el muerto logrará uno séptimo de los méritos así logrados.

"En consecuencia, Anciano, si un ser sintiente de Jambudvipa puede proveer comidas vegetarianas como ofrendas, de una manera sincera y de todo corazón, en nombre de sus padres o parientes después de la muerte, de ellos, esto sería beneficioso tanto para los vivos como para los muertos".

Mientras estas palabras estaban siendo pronunciadas, miles de miríadas de millones de nayutas de demonios y deidades de Jambudvipa, en ese momento y allí, en el Cielo Triyastrimsha, todos generaron una mente ilimitada para lograr el Bodhi. Entonces el Venerable Gran Elocuencia hizo una reverencia y se retiró.

Capítulo VIII

Las Alabanzas del Rey Yama

En ese momento, el Rey Yama e incontables reyes demonios desde el interior de la Cadena Montañosa del Gran Anillo de Hierro, viajaron todos hacia Triyastrimsha llegando al lugar del Buda. Entre ellos estaban los reyes demonios Veneno Maligno, Mucho Mal, Gran Disputa, Tigre Blanco, Tigre de Sangre, Tigre Rojo, Difusión de la Calamidad, Cuerpo Volador, Relámpago Destellante, Colmillo de Lobo, Mil Ojos, Devora Animales, Lleva Piedras, Maestro Agotado, Maestro Desastre, Maestro Alimento, Señor de Riqueza, Maestro de Bestias, Maestro de Aves, Maestro de Animales, Maestro de Duendes, Maestro del Nacimiento, Maestro de Vidas, Maestro de Enfermedades, Maestro de Riesgos, Tres Ojos, Cuatro Ojos, Cinco Ojos, Chislis, Gran Chislis, Chiliksa, Gran Chiliksa, Anato y Gran Anato.

Estos grandes reyes demonios, cada uno acompañado por cientos de miles de reyes demonios inferiores que residían en Jambudvipa y cada uno de los cuales tenía sus propias responsabilidades y su propio cargo, todos estos reyes demonios y el Rey Yama, por virtud del majestuoso espíritu del Buda y del poder del Bodhisattva Mahasattva Ksitigarbha, llegaron a

Triyastrimsha y se mantuvieron de pie a un lado sin sentarse.

En ese momento, el Rey Yama se arrodilló con las palmas juntas y se dirigió al Buda diciendo: "Honrado por el Mundo, ahora es sólo por virtud del majestuoso espíritu del Buda y de los poderes del Bodhisattva Mahasattva Ksitigarbha que nosotros y los reyes demonios podemos asistir a esta gran asamblea en Triyastrimsha. Esto también crea una causa para ayudarnos a lograr buenos beneficios. Sin embargo, tengo una pequeña preocupación que me aventuro a preguntarle, Honrado por el Mundo. Sólo espero que, en su misericordia y compasión, me responda".

El Buda le dijo al Rey Yama: "Cualquier cosa sobre la que me preguntes, te responderé".

Entonces el Rey Yama contempló al Honrado por el Mundo y le rindió pleitesía; y girando para mirar al Bodhisattva Mahasattva Ksitigarbha, y se dirigió al Buda diciendo: "Honrado por el Mundo, veo que el Bodhisattva Ksitigarbha recurre a cientos de miles de conveniencias en los seis caminos de la existencia para liberar a todos los seres sintientes que están sufriendo y soportando el castigo y nunca abandona su actividad debido al cansancio o la fatiga. Este gran Bodhisattva ha hecho tales cosas milagrosas inconcebibles. Sin embargo, los seres sintientes, aunque sean liberados de sus castigos merecidos, nuevamente caerán en caminos malos antes de que pase mucho tiempo.

"Honrado por el Mundo, dado que este Bodhisattva Ksitigarbha posee tal poder milagroso e inconcebible, ¿cómo, entonces, es posible que los seres sintientes fracasen en mantenerse en los buenos caminos y en lograr la liberación permanente? ¡Sólo espero que usted me explique esto, Honrado por el Mundo!"

El Buda le explicó al Rey Yama como sigue: "Los seres sintientes en Jambudvipa son obstinados por naturaleza. Son difíciles de domar y regular. Este gran Bodhisattva, durante cientos de miles de kalpas, ha salvado y liberado a esos seres de todas las maneras y desde todos los ángulos y los ha guiado para que logren la liberación rápidamente. Tales personas, aunque pudieran caer en caminos malos principales de la existencia como retribución por sus pecados, le darían las gracias a este Bodhisattva por su poder para recurrir a las conveniencias, para exonerarles de sus conexiones kármicas fundamentales haciéndoles conscientes de todas sus acciones y circunstancias durante sus vidas previas.

"Sin embargo, como los seres sintientes de Jambudvipa, enredados torpemente en sus malos hábitos, apenas salen de sus viejos caminos reingresan de nuevo, este Bodhisattva debe tomarse el trabajo de esforzarse, kalpa tras kalpa, para efectuar su salvación y liberación. Es como alguien que, habiéndose extraviado de su hogar, inadvertidamente se encuentra atrapado en algún camino peligroso rodeado de Yakshas, tigres, lobos, leones, lagartos, serpientes, avispas, y escorpiones. Esa persona extraviada se encontraría con la maldad a cada instante en ese camino peligroso.

"Sin embargo, alguien que conoce y comprende el gran poder místico y está bien versado en cómo combatir, controlar y limpiar esa maldad, los venenos malos y los Yakshas, y que también se encuentra de casualidad con esa persona extraviada a punto de embarcarse en el camino peligroso, se dirigiría a ella diciéndole: «Hombre, ten cuidado. ¿Qué te hace tomar ese camino? ¿Qué magia tienes para controlar toda esa malicia y maldad?»

"Esa persona extraviada, al escuchar esas palabras, comprendería repentinamente que ese camino era en verdad peligroso, y se retiraría directamente, dejándolo. Ese amigo bueno, erudito, le ofrecería una mano para guiarlo lejos de ese camino peligroso, evitando todo mal y malicia, y le mostraría cómo llegar al camino seguro y así ayudarlo a lograr la felicidad. El amigo bueno y erudito podría decirle: «Ten cuidado mi querido amigo, ¡a partir de aquí por favor no vuelvas a tomar este camino jamás! Cualquiera que tome este camino difícilmente puede escapar y seguramente, al fin, perdería su vida.»

"Esa persona extraviada seguramente le estaría muy agradecida a él. Su amigo también le diría mientras se separan: «Si ves a alguien que conoces, o a algún otro viajero, sea hombre o mujer, por favor, diles que este camino está lleno de maldad y perversidad y puede causar que pierdan la vida; y no permitas que ese viajero, en efecto, cometa suicidio por tomar ese camino.»

"Así el Bodhisattva Ksitigarbha está equipado con gran misericordia y compasión para liberar y salvar a todos los seres pecadores y miserables, ayudándolos a renacer como seres humanos o como devas, para que disfruten de la felicidad maravillosa. Él les permite a esos pecadores volverse conscientes del sufrimiento que se han causado a sí mismos en los es su parte en los senderos kármicos para que ellos puedan finalmente ser absueltos y escapar de los caminos kármicos y no volver a caer en ellos.

"Esta situación es como el caso donde uno se ha extraviado y toma la ruta peligrosa pero tiene un buen amigo que lo guía y lo hace salir del enredo con seguridad. Entonces, él jamás tomaría conscientemente ese camino otra vez, y les aconsejaría a los que se cruzaran con él tratando de hacerlo, que no lo hicieran. Él les diría que debido a su propio extravío, él mismo tomó el camino equivocado pero que no lo tomaría conscientemente otra vez después de haber sido liberado; y que si alguna vez transitara por ese camino nuevamente debido a algún error, no comprendiendo que era el mismo camino peligroso que había tomado antes, podría en verdad perder su vida. Él podría comparar esa eventualidad con el caso en el que uno es apresado, habiendo elegido el mal sobre el bien, pero es liberado, por virtud del poder del Bodhisattva Ksitigarbha de recurrir a las conveniencias, para renacer entre seres humanos o devas; pero si tarde o temprano eligiera reingresar a su celda de prisión debido a nuevos enredos kármicos, entonces él permanecería en el infierno para siempre sin fecha para su absolución".

En ese momento, el Rey Demonio Veneno Vicioso unió reverentemente sus palmas y se dirigió al Buda, diciendo: "Honrado por el Mundo, nosotros, los reyes demonios de Jambudvipa, incalculables en número, pero cada uno diferente de los demás, somos beneficiosos o dañinos para las personas.

"Sin embargo, es la retribución kármica la que hace viajar por el mundo continuamente a nuestra comitiva creando mucho mal y poca virtud. No obstante, donde quiera que pasemos por una ciudad, un pueblo, un mercado, una plantación, un jardín, un hogar, o una familia y veamos a un hombre o a una mujer que practiquen aunque sea una pequeña buena acción, tal como colgar una bandera o un dosel, encender un palillo de incienso, arreglar algunas flores en honor de las imágenes de los Budas o Bodhisattvas, leer y recitar los Sutras venerados o encender incienso como ofrenda para recitar una oración o un gatha, nosotros los reyes demonios veneraríamos a esa persona, así como lo hacemos antes los Budas del pasado, del presente y del futuro. Y también ordenaríamos a los demonios menores, cada uno con gran poder, y a las divinidades a cargo de la tierra, que resguarden a esa persona para que ningún mal, evento inesperado o enfermedad, o de hecho, ninguna cosa indeseable de ninguna forma pueda suceder en la vecindad de su hogar, y mucho menos entrar en su casa".

El Buda felicitó a los reyes demonios, diciendo: "¡Excelente, excelente! Ustedes y el Rey Yama pueden apoyar y proteger a todos los buenos hombres y buenas mujeres; y yo les ordenaré a los Señores Brahma y Shakra, que los resguarden y protejan a ustedes".

Justo después, un rey demonio en la asamblea, llamado Maestro de Las Vidas, se dirigió al Buda, diciendo: "Oh Honrado por el Mundo, mi karma me ha hecho que sea responsable de las vidas humanas en Jambudvipa. Me hago cargo y tomo decisiones relativas a los seres humanos tanto en el momento de su nacimiento como en el momento de su muerte. Según mis votos fundamentales, quiero beneficiarlos altamente.

"Sin embargo, esos seres sintientes fracasan en comprender mis intenciones; la causa es que no tienen paz ni cuando nacen ni cuando mueren. ¿Y por qué no? Si esas personas de Jambudvipa pudieran realizar sólo algunas acciones virtuosas inmediatamente antes o durante el nacimiento de un niño –sea varón o hembra- para mejorar las ventajas del hogar, eso naturalmente deleitaría inconmensurablemente a la divinidad a cargo de la tierra para causar que tengan apoyo y protección tanto la madre como al bebé, dándoles gran seguridad y felicidad y trayendo beneficios a sus parientes.

"También, después del nacimiento del bebé, debe ejercitarse el cuidado de no matar a ningún animal para alimentar a la madre con exquisiteces de carne y de no reunir a varios parientes a beber licor o a comer carne mientras se canta y se tocan instrumentos de cuerda o de viento; porque tales actos privan a la madre y al bebé de paz y gozo. ¿Y por qué? Simplemente porque en el difícil momento del nacimiento hay innumerables demonios malos, monstruos y duendes que quieren consumir la sangre hedionda, y soy yo quien, antes, ordené a las deidades y divinidades a cargo del hogar y de la tierra que protegieran a la madre y al niño, haciendo que estén seguros y felices y obteniendo beneficios para ellos.

"Sin embargo, las personas de esas familias, viendo que la madre y el bebé están seguros y felices, entonces colectivamente les proveen de algunas ofrendas en agradecimiento a las divinidades a cargo de la tierra local, recurriendo ignorantemente y adversamente a la matanza de animales para su consumo y reuniendo a los parientes trayendo así calamidades a sí mismos, lo que va en detrimento tanto de la madre como del bebé. Además, yo no quiero que una persona moribunda de Jambudvipa, sea virtuosa o mala, caiga en los caminos malos.

"Más aún, si ya ha cultivado buenas raíces para sí misma, eso mejoraría mi poder. También, en el momento de la muerte de cualquier persona de Jambudvipa que haya realizado actos virtuosos, hay también cientos de miles de espíritus y dioses de los caminos malos de la existencia, que simulando ser padres u otra clase de parientes, intentan llevar al moribundo hacia ellos para recibirlo en los caminos malos. Entonces ¡cuánto más precaria todavía debe ser la condición de un moribundo que ha hecho el mal!

"Honrado por el Mundo, ese hombre o esa mujer de Jambudvipa, acercándose al fin de su vida, podría estar en coma o en un estupor inconsciente y así no ser capaz de diferenciar lo virtuoso de lo malo; o podría incluso haber perdido totalmente sus facultades de oír y ver. Así que sus parientes deben proveer ofrendas importantes y leer y recitar los sutras venerados e invocar los nombres de Budas y Bodhisattvas. Tales condiciones buenas podrían apartar al moribundo de los caminos malignos, y entonces todos los maras, demonios y dioses se retirarían y serían dispersados.

"Honrado por el Mundo, si los seres sintientes pudieran, al fin de sus vidas, escuchar el nombre de por lo menos un Buda o un Bodhisattva, o escuchar siquiera una oración o un gatha de los Sutras Mahayana, veo que todas esas personas estarían absueltas inmediatamente de los cinco pecados imperdonables y el pecado de matanza, y se liberarían de sus malas acciones acumuladas, que los harían merecedores de renacer en caminos maléficos de la existencia".

El Buda le dijo al Rey Demonio Maestro de Las Vidas: "A causa de tu gran misericordia, puedes tomar ese voto de gran compasión para proteger a los seres sintientes en su nacimiento y en su muerte. En el futuro, al momento de los nacimientos y de las muertes de hombres y mujeres, no retrocedas de tu voto, sino libéralos siempre para que puedan ser felices para siempre".

El Rey Demonio se dirigió al Buda, diciendo: " Por favor, no se preocupe. Yo, hasta el fin de mi forma actual, apoyaré y protegeré a todos los seres sintientes de

Jambudvipa momento a momento, para que al momento de sus nacimientos y sus muertes sean felices. Sólo espero que esos seres sintientes confíen y acepten mis palabras en el momento de sus nacimientos y muertes, para que ninguno de ellos deje de ser liberado y para que todos ellos puedan lograr enormes beneficios desde ese momento".

En ese momento, el Buda le informó al Bodhisattva Ksitigarbha: "Este Gran Rey Demonio, Maestro de Las Vidas, ha sido un gran rey demonio durante cientos de miles de vidas. Él ha apoyado y protegido a los seres sintientes en el momento de sus nacimientos y sus muertes. Es a causa de los votos de misericordia y compasión de este Mahasattva que él toma la forma de un gran demonio. En realidad, no obstante, él no es demonio. Él se convertirá en un Buda, después del fin de ciento setenta kalpas, con el título del Así Venido No Apariencia. Su kalpa será llamado «Felicidad». Su mundo será llamado «Residencia Pura». La duración de la vida de este Buda será de incalculables kalpas. ¡Oh Ksitigarbha, tan inconcebibles son todas las cosas acera de este gran Rey Demonio! También, la cantidad de seres humanos y devas liberados por él es inexpresable".

Capítulo IX

La Recitación de los Nombres de los Budas

En ese momento, el Bodhisattva Mahasattva Ksitigarbha se dirigió al Buda diciendo: "Honrado por el Mundo, ahora deseo hablar en nombre de los seres sintientes de tiempos futuros y sobre las cosas beneficiosas que los ayudarán a lograr gran ventaja en el nacimiento y la muerte. Sólo espero que usted, Honrado por el Mundo, me permita hablar sobre este tema".

El Buda le respondió al Bodhisattva Ksitigarbha diciendo: "Tú deseas, en este mismo momento, ser misericordioso y compasivo para liberar a todos los seres pecadores y sufrientes de los seis caminos de la existencia y hablar sobre la cosa inconcebible. ¡Sí! Ahora es exactamente el momento correcto para hacerlo. Deberías hablar de una vez. Pronto entraré en Nirvana, y si cumples este deseo tuyo pronto, entonces ya no tendré más preocupaciones sobre ninguno de los seres sintientes de los tiempos presentes o futuros".

El Bodhisattva Ksitigarbha se dirigió al Buda, diciendo: "Honrado por el Mundo, hace incalculables asamkhyeyas de kalpas había un Buda llamado El Así Venido Cuerpo Ilimitado. Cualquier hombre o mujer que escuche el nombre de este Buda y lo venere instantáneamente, será absuelto de pecados graves que haya cometido durante sus renacimientos y muertes de cuarenta kalpas. ¡Así que, cuánto mejor aún será para uno que pudiera modelar o pintar su imagen para adorarla y alabarla! Las bienaventuranzas logradas por esta persona serán incontables e ilimitadas.

"Nuevamente en el pasado, hace tantos kalpas como granos de arena del Río Ganges, llegó al mundo un Buda que ostentaba el título del Así Venido Naturaleza Enjoyada. Cualquier hombre o mujer que escuche el nombre de este Buda y corrija su mente, tan rápidamente como un pestañeo, y así tomar refugio en él, nunca sufrirá el retroceso del estado de Anuttara Samyak Sambodhi.

"Nuevamente en el pasado, llegó al mundo un Buda llamado El Así Venido Flor de Loto de la Victoria. Cualquier hombre o mujer que escuche el nombre de este Buda o si simplemente oye su nombre una vez, renacerá repetidamente mil veces en los Seis Cielos del Deseo. ¡Así que, cuánto mejor aún sería para alguien que de todo corazón recite el nombre y lo mantenga en la mente!

"Nuevamente en el pasado, hace algunos asamkhyeyas de kalpas inexpresables, nació en el mundo un Buda llamado El Así Venido Rugido de León. Cualquier hombre o mujer, al escuchar el nombre de este Buda y producir un solo pensamiento de tomar refugio en él de todo corazón, podrá encontrarse con una cantidad incalculable de Budas, que frotará su coronilla y le darán su predicción sobre la Iluminación. Reiteradamente en el pasado, apareció en el mundo un Buda ostentando el título de Buda Krakucchanda. Cualquier hombre o mujer que, al escuchar el nombre de este Buda, también lo contemple y venere de todo corazón o lo alabe se convertirá en un gran rey Brahma en las asambleas de Mil Budas de la Kalpa Auspiciosa y logrará una noble predicción.

"De nuevo, en el pasado, apareció en el mundo un Buda ostentando en título de Buda Vipasyin. Cualquier hombre o mujer, al escuchar el nombre de este Buda, nunca caerá en caminos malos de la existencia sino que siempre renacerá como un ser humano o un deva y disfrutará de una felicidad extraordinariamente maravillosa.

"Así mismo, en el pasado, hace inconmensurables e incalculables kalpas, tantos como granos de arena del Río Ganges, apareció en el mundo un Buda ostentando el título de El Así Venido Victoria Enjoyada. Cualquier hombre o mujer, que escuche el nombre de este Buda, nunca caerá en caminos malos de la existencia sino que siempre renacerá como un deva y disfrutará de una felicidad extraordinariamente maravillosa.

"Nuevamente en el pasado, apareció en el mundo un Buda ostentando el título de El Así Venido Apariencia Enjoyada. Cualquier hombre o mujer que, al escuchar el nombre de este Buda, haga crecer un pensamiento de respeto, esa persona logrará prontamente llegar a ser un Arhat.

"Nuevamente en el pasado, hace inconmensurables asamkhyeyas de kalpas, apareció en el mundo un Buda ostentando el título de El Así Venido Estandarte Kasaya. Cualquier hombre o mujer, al escuchar el nombre de este Buda, será absuelto de todos los pecados que haya cometido durante sus renacimientos y muertes en cien grandes kalpas.

"Así mismo en el pasado, apareció un Buda ostentando el título de El Así Venido Rey del Gran Poder Espiritual como Una Montaña. Cualquier hombre o mujer, que escuchen el nombre de este Buda, se encontrarán con cuantiosos Budas, tan numerosos como los granos de arena del Río Ganges, y ellos que les enseñarán ampliamente el Dharma, y definitivamente lograrán el Bodhi.

"De nuevo en el pasado, aparecieron otros muchos Budas indescriptibles tales como el Buda Luna Pura, el Buda Rey de la Montaña, el Buda Victoria de la Sabiduría, el Buda Rey del Nombre Puro, el Buda Logro de la Sabiduría, el Buda Insuperable, el Buda Sonido Maravilloso, el Buda Luna Llena, y el Buda Cara de Luna.

"Honrado por el Mundo, todos los seres sintientes del presente y de futuras generaciones -sean devas o seres humanos, sean hombres o mujeres- lograrán virtudes meritorias inconmensurables incluso si invocan el nombre de un solo Buda. ¡Pero cuánto mejor será que invoquen muchos nombres! Estos seres automáticamente lograrán gran beneficio mientras estén vivos y mientras estén muertos, y nunca caerán en los caminos malos de la existencia.

"Cuando alguien se está aproximando al fin de su vida, si cualquiera de sus parientes, o incluso una sola persona, invocara en voz alta en su nombre el nombre de un solo Buda, esa persona moribunda será absuelta de toda la retribución kármica por las cinco ofensas cometidas y por otras menores. Las cinco ofensas imperdonables son esos pecados inmensamente ofensivos en gravedad, y normalmente una persona que cometa esas ofensas no puede ser liberada de ellos ni siquiera después de millones de kalpas.

"Sin embargo, si en el momento de su muerte otros invocan, en su nombre, los nombres de los Budas, entonces incluso algunas de esas ofensas extremadamente serias gradualmente serán reducidas y erradicadas. ¡Pero cuánto mejor sería aún para los seres sintientes invocar los nombres del Buda cuando viven para lograr la bienaventuranza inconmensurable y para erradicar innumerables pecados!"

Capítulo X

Valoración de la Virtud Meritoria Obtenida por la Dádiva

En ese momento, el Bodhisattva Mahasattva Ksitigarbha, debido a la influencia majestuosa del Buda, se levantó de su asiento, se arrodilló con las palmas juntas y se dirigió al Buda, diciendo: "Honrado por el Mundo, he observado, durante la valoración de los méritos logrados por los seres sintientes de los senderos kármicos mediante la dádiva, que algunos son livianos mientras que otros son sustanciales; así que algunos seres sintientes obtienen gran bienaventuranza durante una vida, otros obtienen gran bienaventuranza durante diez vidas, mientras que aún otros obtienen gran bienaventuranza durante cien o mil vidas. ¿Cómo suceden esas cosas? Sólo deseo que usted, Honrado por el Mundo, me lo diga".

En ese momento, el Buda le dijo al Bodhisattva Ksitigarbha: "Ahora hablaré aquí en el Palacio de Triyastrimsha a toda la congregación, valorando la virtud meritoria obtenida de la dádiva en Jambudvipa. Así que por favor escuchen atentamente".

El Bodhisattva Ksitigarbha se dirigió al Buda, diciendo: "Tengo algunas dudas sobre este tema y estaré deleitado de escucharlo".

El Buda le dijo al Bodhisattva Ksitigarbha: "En Jambudvipa hay reyes, primer ministros, cortesanos superiores, grandes ancianos, grandes ksatriyas, grandes brahmanes, etc. Si, por el beneficio del más bajo y del más pobre o incluso por el beneficio de tales minusválidos como los jorobados, los mutilados, los sordos, los idiotas o los ciegos, esos reyes y otros, al dar limosnas, lo hacen con gran misericordia y compasión, con humildad y con una sonrisa cálida, y con palabras amables de consuelo, extendiendo la caridad universal mediante la distribución de dádivas con sus propias manos o por medio de sus agentes, entonces la ventaja bienaventurada obtenida por esos reyes y los otros, será totalmente tan grande como toda la virtud meritoria obtenida por las donaciones ofrecidas a tantos Budas como granos de arena de cien Ríos Ganges. ¿Y por qué? Es porque esos reyes y los otros tienen una misericordia tan grande, hacia incluso el más pobre, el más bajo y el más minusválido, que su ventaja de bienaventuranza logra grandes recompensas tales que siempre estarán dotados, durante cientos de miles de vidas futuras, de una medida plena de siete clases de tesoros preciosos, por no mencionar un abundante suministro de vestimenta y alimentos para su consumo.

"Además, Ksitigarbha, si en tiempos futuros cualquier rey, brahmán, u otros, pasaran frente a una Estupa del Buda o por un templo o imagen, o incluso de imágenes de Bodhisattvas, de Shravakas, o de Pratyekabuddhas, y si ellos mismos prepararan y dieran ofrendas y donaciones, entonces esos mismos reyes y otros podrían convertirse en soberanos Shakras durante tres kalpas, disfrutando de una felicidad extraordinaria y maravillosa. Si además pudieran dedicar la ventaja bendita de esta donación al beneficio de todo el Reino del Dharma, esos grandes reyes y los otros entonces se convertirían en Grandes Reyes Brahmas durante diez kalpas.

"Más aún, Ksitigarbha, si en tiempos futuros cualquier rey, brahmán, u otros, pasaran por Estupas viejas, rotas y dañadas, o por templos, o por imágenes de Budas o si vieran un Sutra que está rasgado y estropeado, y si entonces, al ver cosas santas en tal condición pueden establecer su mente para repararlas y enmendarlas -ya sea que los reyes y otros emprendan y manejen el trabajo todo por sí mismos o si persuaden a algunas otras personas o incluso a cientos de miles de personas para hacer donaciones para esta buena causa- esos reyes y demás, siempre renacerían como Chakravartines durante cientos de miles de vidas futuras; y esas otras personas que se unen en ese trabajo de restauración haciendo donaciones siempre se convertirán en reyes menores en sus vidas futuras. Sin embargo, si pudieran decidir dedicar sus ventajas de bendiciones para el beneficio de todo el Reino del Dharma, entonces esos reyes y otros, incluyendo los ayudantes lograrían la Budeidad; y su recompensa retributiva sería incontable e ilimitada.

"Más aún, Ksitigarbha, en tiempos futuros, donde sea que reyes, brahmanes u otras personas puedan ver a los ancianos, a los débiles y a las mujeres en el momento de parir, y si ellos instantáneamente tuvieran gran misericordia por ellos y les demostraran gran caridad donando medicina, alimentos, bebidas, y alojamiento para que estén cómodos, entonces la ventaja bienaventurada que lograrán sería inconcebible; y siempre se convertirían en señores reyes de los cielos de Residencia Pura durante cien kalpas y señores reyes de los Seis Cielos del Deseo durante doscientos kalpas y finalmente se convertirían en Budas. Nunca caerían en caminos malos de la existencia, ni jamás escucharían los sonidos del sufrimiento en sus oídos durante cientos de miles de vidas futuras.

"Más aún, Ksitigarbha, en tiempos futuros, si cualquier rey, brahmán, u otros, pudieran practicar tales actos de caridad, ganaría bienaventuranza inconcebible. Además, si pudieran dedicar la ventaja así obtenida -sin importar cuán grande sea- para el beneficio de todo el Reino del Dharma, entonces ellos finalmente se convertirían en Budas, por no mencionar su ganancia de otras recompensas de convertirse en Brahmas o Shakras o Chakravartines. Por consiguiente, Ksitigarbha, aconseja a los seres sintientes que sigan esos ejemplos.

"Más aún, Ksitigarbha, en tiempos futuros, si algún buen hombre o buena mujer plantaran incluso una pequeña buena raíz del Buddhadharma, aun si fuera tan pequeñita como un grano de arena o como la punta de un cabello, o todavía más minúscula, entonces la bienaventuranza obtenida por ellos sería indescriptible y más allá de la comparación.

"Además, Ksitigarbha, en tiempos futuros, si algún buen hombre o buena mujer, al ver imágenes de Budas, de Bodhisattvas, de Pratyekabuddhas, de Chakravartines, hicieran donaciones y ofrendas, entonces obtendrían bienaventuranza inconmensurable y siempre residirían entre humanos y devas, disfrutando de una felicidad extraordinariamente maravillosa. Más aún, si pudieran dedicar las recompensas así obtenidas para el beneficio de todo el Reino del Dharma, entonces su bienaventuranza desafiaría la comparación.

"Todavía hay más, Ksitigarbha, en tiempos futuros, si algún buen hombre o buena mujer, al encontrarse con Sutras Mahayana o al escuchar un gatha o incluso una oración, y a partir de entonces seriamente generara su mente más profunda, y al mismo tiempo elogiara y demostrara respeto e hiciera donaciones y ofrendas, entonces las tremendas recompensas logradas por tales personas serían incontables e infinitas. Más aún, si pudieran dedicar las recompensas así logradas para el beneficio de todo el Reino del Dharma, entonces su bienaventuranza desafiaría la comparación.

"Más aún, Ksitigarbha, en tiempos futuros, cualquier buen hombre o buena mujer, al ver cualquier templo o Estupa del Buda, o cualquier Sutra Mahayana -aunque sean nuevos- debería hacer donaciones y ofrendas, contemplarlos, venerarlos, elogiarlos haciendo una reverencia con las palmas de sus manos juntas. Sin embargo, si esos templos, Estupas o Sutras son viejos, están desgastados o rasgados y si incluso ellos decidieran reconstruirlos, enmendarlos y repararlos -ya sea actuando solos o persuadiendo a varias personas para actuar juntos- entonces ellos siempre se convertirán en reyes de tierras menores durante treinta vidas; pero el donante principal siempre será el chakravartin, que a su vez, enseñará y convertirá a reyes menores con buen Dharma.

"Más aún, Ksitigarbha, en tiempos futuros, si las buenas raíces plantadas en el Buddhadharma por cualquier buen hombre y buena mujer, ya sea por medio de donaciones u ofrendas o como resultado de la reparación de Estupas y templos o la encuadernación y la ordenación de sutras o escrituras, u otros actos semejantes -aunque tales actos fueran tan pequeños como una gota de agua, un grano de arena, la punta de un cabello o incluso una mota de polvo- tales buenas acciones, si se dedican al beneficio de todo el Reino del Dharma, lograrán tanta virtud meritoria que esas personas podrán disfrutar de una felicidad superior, maravillosa, durante cientos de miles de vidas futuras.

"Sin embargo, si los mismos actos estuvieran dirigidos sólo para el beneficio de los miembros de sus familias o de ellos mismos, su recompensa les permitiría disfrutar de felicidad sólo durante tres vidas futuras. Entonces, el abandono de los propios intereses exclusivos de uno será recompensado miríadas de veces. Así, ya ves,

Ksitigarbha, las donaciones y las dádivas crean esas causas y condiciones.

Capítulo XI

Protección del Dharma por la Deidad de la Tierra

En ese momento, la deidad de la tierra Firme y Seguro se dirigió al Buda, diciendo: "Honrado por el Mundo, he contemplado y he adorado desde hace mucho tiempo a cantidades incalculables de Bodhisattvas Mahasattvas, todos los cuales tienen un poder grande, inconcebible, milagroso, y sabiduría para otorgar la liberación universal a los seres sintientes. Sin embargo, entre todos esos Bodhisattvas, este Bodhisattva Mahasattva Ksitigarbha es el más profundo y el más serio con sus votos.

"Oh Honrado por el Mundo, este Bodhisattva Ksitigarbha tiene una tremenda afinidad con Jambudvipa. Por ejemplo, Manjushri, Virtud Universal (Samantabhadra), Contemplador de los Sonidos del Mundo (Avalokiteshvara) y Maitreya también son transformados en cientos de miles de formas para practicar la liberación en los seis caminos de la existencia; pero sus votos tendrán todos finalmente un término y llegarán a un fin. Sin embargo, este Bodhisattva enseña y convierte a todos los seres sintientes de los seis caminos de la existencia y ha tomado votos profundos y sinceros para continuar haciéndolo durante kalpas tan numerosos como los granos de arena de cientos de miles de millones de Ríos Ganges.

"Honrado por el Mundo, veo que los seres del presente y futuro, en los lugares donde eligen vivir sobre tierras limpias del sur, construirán santuarios para él con tierra, roca, bambú o madera, donde pueden modelar, pintar o hacer con oro, plata, cobre o hierro la imagen de Ksitigarbha; y le encenderán incienso, le harán ofrendas, lo contemplarán, adorarán, y elogiarán. Cualquier morada que así lo honre logrará los diez beneficios. ¿Cuáles son esos diez beneficios?

"Primero, la tierra será rica y fértil. Segundo, la casa siempre estará segura. Tercero, los difuntos ascenderán al cielo. Cuarto, los vivos disfrutarán de una longevidad aún mayor. Quinto, todas sus plegarias serán respondidas. Sexto, no habrá calamidades causadas por el agua o el fuego. Séptimo, se desvanecerá todo accidente inesperado. Octavo, los malos sueños cesarán. Noveno, todas las idas y venidas estarán protegidas por las deidades. Décimo, se encontrarán con muchas causas santas y sagradas.

"Honrado por el Mundo, tales son los beneficios que lograrán los seres sintientes en el futuro y el presente si pudieran hacer ofrendas, como las que acabo de describir, en el sur de sus hogares".

Él continuó dirigiéndose al Buda, diciendo: "Honrado por el Mundo, en tiempos futuros, si algunos buenos hombres y buenas mujeres poseyeran este Sutra y la imagen del Bodhisattva Ksitigarbha en sus hogares, y si esas personas además leyeran el Sutra y hicieran ofrendas al Bodhisattva, siempre aplicaría mi poder milagroso, día y noche, para resguardarlas y protegerlas de modo que los desastres causados por el agua o el fuego, los robos, y los accidentes menores y mayores, así como otros males, se desvanecerán completamente de sus vidas y desaparecerán para nunca volver".

El Buda le dijo a la deidad de la tierra Firme y Seguro: "Tú posees un poder milagroso gigantesco, que pocas deidades pueden imitar. ¿Y por qué es así? Todas las tierras en Jambudvipa están bajo tu protección. Hasta la hierba, los árboles, la arena, las piedras, los arrozales, los cañaverales, el bambú, los granos, el arroz y las joyas -todo lo que proviene de la tierra- aparece debido a tu poder. Además, frecuentemente elogias las cosas beneficiosas que hace el Bodhisattva Ksitigarbha. Tus virtudes meritorias y tus poderes milagrosos son cientos de miles de veces mayores que los de las deidades ordinarias.

"En tiempos futuros, si algunos hombres buenos o buenas mujeres hicieran ofrendas a este Bodhisattva, leyeran este Sutra, o si pudieran cultivar y practicar incluso de acuerdo con sólo una cosa del Sutra de los Votos Pasados del Bodhisattva Ksitigarbha, deberías aplicar tu propio poder milagroso para apoyarlos y protegerlos para que ninguna calamidad y otras cosas desagradables jamás lleguen a sus oídos, menos aún que les sucedan. No sólo tú protegerás a esas personas, sino que las comitivas de Shakra o de Brahma, así como las comitivas de devas, protegerán a esas personas. ¿Cómo es que logran el apoyo y la protección de esos Santos y Sabios? Eso sucede simplemente porque contemplan y veneran la imagen del Bodhisattva Ksitigarbha y leen este Sutra de sus votos pasados. Así, naturalmente, ellos finalmente dejan el mar de sufrimiento y realizan la felicidad de Nirvana. Es por esta razón por la que esas personas logran el gran apoyo y la protección".

Capítulo XII

Los Beneficios de Ver y Escuchar

Es ese momento, el Honrado por el Mundo emitió de la coronilla cientos de miles de millones de grandes marcas de luz rizada: a saber, la marca rizada de luz blanca, la gran marca rizada de luz blanca, la marca rizada de luz auspiciosa, la gran marca rizada de luz auspiciosa, la marca rizada de luz de jade, la gran marca rizada de luz de jade, la marca rizada de luz púrpura, la gran marca rizada de luz púrpura, la marca rizada de luz azul índigo, la gran marca rizada de luz azul índigo, la marca rizada de luz azulina, la gran marca rizada de luz azulina, la marca rizada de luz roja, la gran marca rizada de luz roja, la marca rizada de luz verde, la gran marca rizada de luz verde, la marca rizada de luz dorada, la gran marca rizada de luz dorada, la marca rizada de luz de nube feliz, la gran marca rizada de luz de nube feliz, la marca rizada de luz de mil ruedas, la gran marca rizada de luz de mil ruedas, la marca rizada de luz de rueda preciosa, la gran marca rizada de luz de rueda preciosa, la marca rizada de luz de disco solar, la gran marca rizada de luz de disco solar, la marca rizada de luz de disco lunar, la gran marca rizada de luz de disco lunar, la marca rizada de luz del gran palacio, la gran marca rizada de luz del gran palacio, la marca rizada de luz de nube marina y la gran marca rizada de luz de nube marina.

"Habiendo emitido tal fenómeno de luces rizadas de coronilla, entonando con su voz sutil y maravillosa le dijo lo siguiente a la gran congregación reunida de los devas, nagas y el resto de las ocho categorías de seres humanos y no-humanos: "Escuchen, porque hoy en el Palacio de Triyastrimsha voy a elogiar y alabar los actos beneficiosos que el Bodhisattva Ksitigarbha realizó por el bien de los seres y devas, sus actos inconcebibles, sus actos de sobrepasar a las causas sagradas, su realización de la Décima Etapa y sus actos de no-retroceso de Anuttara Samyak Sambodhi".

Mientras estas palabras estaban siendo dichas, un Bodhisattva Mahasattva de la congregación, llamado Contemplador de los Sonidos de los Mundos (Avalokiteshvara), se levantó directamente de su asiento, se arrodilló con las palmas juntas y se dirigió al Buda, diciendo: "Honrado por el Mundo, este Bodhisattva Ksitigarbha, con gran misericordia y compasión, siempre ha tenido piedad de los seres pecadores, y sufrientes. En miles de miríadas de millones de mundos, él adquiere miles de miríadas de millones de formas de transformación.

"Yo lo he escuchado a usted, Honrado por el Mundo, y a otros innumerables Budas de las Diez Direcciones, todos al unísono, cantando las alabanzas de las virtudes meritorias del Bodhisattva Ksitigarbha y de sus poderes majestuosamente inconcebibles, milagrosos, revelando que si todos los Budas pasados, presentes y futuros hablaran e intentaran enumerar sus virtudes meritorias, aun así nunca se agotarían. Más temprano, Honrado por el Mundo, usted pronunció un anuncio universal a la congregación, diciendo que usted deseaba elogiar los actos beneficiosos de Ksitigarbha. Yo sólo espero que usted, Honrado por el Mundo, para el beneficio de todos los seres sintientes del presente y del futuro, elogie los actos inconcebibles de Ksitigarbha para que las ocho categorías de seres, incluyendo a devas y nagas, puedan contemplarlo y venerarlo, y así lograr la bienaventuranza por esto".

El Buda le dijo al Bodhisattva Contemplador de los Sonidos de los Mundos: "Tú mismo tienes una relación tremendamente fuerte con los seres del Mundo Saha. Cualquier ser –ya sea un deva o un naga, ya sea hombre o mujer, sea una deidad o un demonio, o incluso un ser pecador y sufriente de los seis caminos de la existencia- en verdad, cualquiera que al escuchar tu nombre o al ver tu forma, te aprecie, te admire y te elogie, definitivamente no retrocederá del Camino Insuperable de la Iluminación y siempre renacerá como un ser humano o como un deva para disfrutar de una felicidad maravillosa. Y cuando esa causa esté por tener fruto, esos seres se encontrarán con Budas para recibir de éstos la predicción de convertirse en Budas. En este momento, tú estás demostrando gran misericordia y compasión, y tienes piedad de los seres sintientes y todas las ocho categorías de seres, incluyendo a devas y nagas, por tu deseo de escuchar mi proclamación de los actos beneficiosos inconcebibles del Bodhisattva Ksitigarbha. Así que escucha atentamente, porque ahora voy a hablar".

Contemplador de los Sonidos de los Mundos dijo: "Sí, que así sea, Honrado por el Mundo, estaré deleitado de escuchar".

El Buda le dijo al Bodhisattva Contemplador de los Sonidos de los Mundos: "En los varios mundos del presente y del futuro, dondequiera que un ser celestial esté consumando su gozo de bienaventuranza celestial, se manifestarán cinco clases de síntomas de decadencia. A veces él puede caer en un camino malo de la existencia. Si ese ser celestial, sea hombre o mujer, en el momento en que se manifiestan esos síntomas, viera la imagen del Bodhisattva Ksitigarbha o escuchara su nombre y lo contemplara o venerara una sola vez, entonces ese ser celestial disfrutaría en consecuencia de mucha más bienaventuranza celestial, de más gran deleite y nunca volvería a caer en los tres caminos malos de la existencia como retribución. Entonces, ¡cuánto mejor aún estarán aquellos seres que vean y escuchen a Ksitigarbha y hagan donaciones y ofrendas con toda clase de incienso, flores, vestidos, alimentos, joyas y collares! Incontables e ilimitadas serán las virtudes meritorias y los beneficios de bienaventuranza logradas por ellos.

"Además, Contemplador de los Sonidos de los Mundos, si un ser sintiente de los seis caminos de la existencia de todos los mundos en tiempos presentes y futuros pudiera, al final de su vida, escuchar el nombre del Bodhisattva Ksitigarbha -si incluso una sola invocación del nombre llegara a su oído- ese ser nunca experimentaría nuevamente el sufrimiento de los tres caminos malos de la existencia. ¡Cuánto mejor aún sería alguien que, al final de su vida, tenga padres u otros parientes que usen el valor de su hogar, sus joyas, vestidos, y cualquier otra riqueza para modelar o pintar la imagen de Ksitigarbha! ¡Y cuánto mejor aún sería que ese enfermo, si antes de morir, viera con sus propios ojos y escuchara con sus propios oídos y así supiera que sus parientes han usado el valor de su casa, joyas, etc., para modelar o pintar la imagen de Ksitigarbha para su beneficio solamente!

"Si esa persona, debido a su retribución kármica, contrajera alguna vez una enfermedad grave, se recuperaría y estaría bien nuevamente a causa de esa virtud meritoria, y su longevidad se incrementaría. Si debido a su retribución kármica esta persona aún estuviera al final de su vida, agobiada por todas sus obstrucciones kármicas y pecaminosas, que merecen renacer en caminos malos, entonces, a cuenta de esta virtud meritoria, ¡renacería como un ser humano o como un deva después de la terminación de su vida presente y disfrutaría de una felicidad extraordinaria con todas sus obstrucciones pecaminosas totalmente erradicadas!

"Más aún, Bodhisattva Contemplador de los Sonidos de los Mundos, en tiempos futuros, un muchacho o una muchacha, ya sea en su infancia o en la evolución de edades de tres, cinco hasta diez años, puede perder a sus padres o incluso puede perder a sus hermanos o hermanas y, habiendo crecido, puede recordar a sus padres u otros parientes y preguntarse en qué camino de la existencia pueden haber caído, en qué mundo pueden haber renacido o a qué cielo pueden haber ascendido.

"Si, en ese momento, esta persona puede modelar o pintar la imagen del Bodhisattva Ksitigarbha, o incluso escuchar su nombre o contemplarlo y venerarlo aunque sea por una sola vez, o hacer donaciones para un día o hasta siete días sin evitar su intención original, entonces los parientes de esta persona, que a cuenta de su karma puedan haber caído en los caminos malos de la existencia durante un periodo que duró una cantidad de kalpas, gracias a los actos meritorios realizados y a las virtudes practicadas por su hijo o hija, o su hermano o hermana al modelar o pintar la imagen de Ksitigarbha para su veneración, instantáneamente serán liberados y salvados para que puedan renacer entre seres humanos o devas para disfrutar de una felicidad extraordinaria y maravillosa.

"Si los parientes de esta persona, debido a su propia bienaventuranza, ya han renacido como seres humanos o devas para disfrutar de una felicidad extraordinaria y maravillosa, entonces ellos, con esta virtud meritoria, mejorarán sus causas sagradas y disfrutarán de una felicidad inconmensurable.

"Si, además, esta persona pudiera contemplar y venerar la imagen de Ksitigarbha de todo corazón durante tres periodos de siete días y recitar su nombre tanto como diez mil veces, entonces el Bodhisattva manifestará su entidad ilimitada ante ella, contándole sobre el paradero de sus parientes. A veces el Bodhisattva manifestará un gran poder maravilloso y guiará personalmente a esa persona, en un sueño, a varios otros mundos para ver a sus parientes. Si esa persona, además, pudiera invocar el nombre de este Bodhisattva mil veces cada día y repetir esto continuamente durante un periodo de mil días, entonces el Bodhisattva convocaría a las deidades y demonios a cargo de la tierra y les ordenaría que resguardaran y protegieran a esta persona a lo largo de su vida y que le proveyeran con abundantes vestimentas y alimentos, y libertad de las enfermedades y del sufrimiento. Cualquier riesgo inesperado nunca cruzará su umbral, ni mucho menos le ocurrirá. Al final, El Bodhisattva le frotará la coronilla y le dictará la predicción.

"Más aún, Bodhisattva Contemplador de los Sonidos de los Mundos, en tiempos futuros, si buenos hombres y buenas mujeres desearan generar la mente de gran y amplia compasión y misericordia para liberar a todos los seres sintientes, desearan cultivar el Bodhi Insuperable, o anhelaran escapar y abandonar para siempre los tres reinos, y si estas personas al ver la imagen de Ksitigarbha y al escuchar su nombre, de todo corazón tomaran refugio en él o le ofrecieran incienso, flores, vestidos, joyas, alimento como donaciones, y lo veneraran, entonces esos buenos hombres y mujeres verían hacerse realidad sus deseos, sin experimentar nunca ninguna obstrucción de ninguna manera.

"Más aún, Bodhisattva Contemplador de los Sonidos de los Mundos, en tiempos futuros, si cualquier buen hombre o buena mujer suplicara que en el presente o en el futuro cientos de miles de miríadas de millones de deseos por cientos de miles de miríadas de millones de cosas sean complacidos, sólo debería tomar refugio, contemplar y venerar, hacerle ofrendas y elogiar la imagen del Bodhisattva Ksitigarbha. Entonces, todo lo que esa persona haya deseado o por lo que haya suplicado, será concedido. Si tuviera algún deseo más, implorando «¡Bodhisattva Ksitigarbha, con tu gran misericordia y compasión, por favor apóyeme y protéjame siempre!», entonces esta persona experimentará el toque del Bodhisattva en su cabeza durante un sueño, y la profecía de su predestinación.

Más aún, Bodhisattva Contemplador de los Sonidos de los Mundos, en tiempos futuros, los buenos hombres y las buenas mujeres pueden atesorar profundamente los Sutras Mahayana, generando la mente inconcebible que desea leerlos y recitarlos. Sin embargo, a pesar de la instrucción de sus maestros sabios, que les muestran cómo aprender los sutras de memoria, pueden olvidarlos apenas terminan de recitarlos; ya que son incapaces de leerlos y recitarlos apropiadamente después de meses y años. Tales buenas personas tienen obstáculos kármicos de las vidas pasadas que aún no han sido erradicados, y por consiguiente, aún no son capaces de adquirir el ingenio de leer y recitar los Sutras Mahayana.

"Esas personas deberían, al escuchar el nombre del Bodhisattva Ksitigarbha y al ver su imagen, comunicarle esta situación reverentemente con corazones sinceros; además, deberían ofrecer incienso, flores, vestidos, alimentos y toda clase de artículos al Bodhisattva. Un vaso de agua pura debe ser colocado frente a la imagen del Bodhisattva durante un día y una noche. Luego, con palmas de las manos unidas, los suplicantes deberían orar y beber el agua mientras miran en dirección al sur; y deben mantener una actitud seria de todo corazón mientras el agua entra en su boca.

"Habiendo bebido el agua, deben tener cuidado de evitar las cinco plantas punzantes, el alcohol, la carne, los actos sexuales impropios, la mentira y la matanza durante uno o tres periodos de siete días. A partir de allí, estos buenos hombres y mujeres verán luego al Bodhisattva Ksitigarbha manifestar su forma ilimitada en sus sueños, rociando agua sobre sus cabezas. Cuando despierten del sueño, esas personas estarán dotadas de un ingenio tan agudo que cualquier Sutra, una vez que haya llegado a sus oídos, será firmemente aprendido de memoria por ellos sin que se les olvide jamás ni un solo gatha o una sola oración nuevamente.

"Además, Bodhisattva Contemplador de los Sonidos de los Mundos, en tiempos futuros, algunas personas pueden estar deseando vestimenta y comida porque no tienen las suficientes, pero sus plegarias no son respondidas, y pueden que estén constantemente enfermas, encontrar mucha mala suerte o adversidades, o no tener mucha paz ni seguridad en sus hogares, tener a sus parientes separados o dispersos, tener toda clase de riesgos o accidentes inesperados sucediéndoles, o tener mucho temor o pánico en sus sueños.

"Si esas personas, al escuchar el nombre del Bodhisattva Ksitigarbha y al ver su imagen, invocaran su nombre de todo corazón y reverentemente diez mil veces, entonces esas cosas desagradables gradualmente desaparecerían; y ellas disfrutarían, por consiguiente, de paz y felicidad, y tendrían abundancia de vestimenta y alimento e incluso experimentarían paz y felicidad en su dormir y soñar.

"Más aún, Bodhisattva Contemplador de los Sonidos de los Mundos, en tiempos futuros, algún buen hombre o alguna mujer, ya sea para ganarse la vida o por asuntos públicos o privados, o por el evento de un nacimiento, una muerte o una emergencia, pueden tener que escalar una montaña, ingresar en un bosque, cruzar un río, un lago o un tremendo cuerpo de agua, o tomar alguna otra clase de ruta peligrosa. Esa persona debe, primero, invocar el nombre del Bodhisattva Ksitigarbha diez mil veces. Entonces dondequiera que pase, los demonios y deidades a cargo de la tierra lo resguardarán y lo protegerán. Siempre disfrutará de paz y felicidad, ya sea caminando, de pie, sentado o reclinado. Además, aunque le ocurriera encontrarse con tigres, lobos o leones, o si le ocurriera estar expuesto a cualquier clase de veneno o ser confrontado con cualquier otra clase de peligro de cualquier naturaleza, no le llegaría ningún daño en absoluto".

El Buda, luego, en conclusión, le dijo al Bodhisattva Contemplador de los Sonidos de los Mundos: "Este Bodhisattva Ksitigarbha tiene una tremenda relación con los seres de Jambudvipa. El registro de todos los actos beneficiosos practicados por el Bodhisattva Ksitigarbha -y que han sido vistos y oídos por los seres sintientes- no podría ser agotado ni siquiera si uno fuera a hablar de ellos durante cientos de miles de kalpas.

"Por consiguiente, Contemplador de los Sonidos de los Mundos, por medio de tu poder milagroso, extiende y haz circular este Sutra para que todos los seres sintientes del Mundo Saha continuamente disfruten de la paz y la felicidad durante cientos de miles de miríadas de millones de kalpas".

Entonces el Honrado por el Mundo ofreció los siguientes gathas, recitándolos así:

Veo el poder majestuoso y milagroso de Ksitigarbha,
Difícilmente agotado aunque se hable durante kalpas numerosos como granos de arena del Río Ganges.
Verlo, escucharlo, contemplarlo y venerarlo, aunque sea por un pensamiento,
Beneficiará a los seres humanos y a los devas de innumerables modos.

Si alguien -sea hombre o mujer, sea naga o deidad- al final

de su retribución ha de caer en malos caminos,
Entonces él debería tomar refugio de todo corazón en este Mahasattva,
Así su vida será incrementada y sus obstáculos pecaminosos serán erradicados.
Alguien puede perder a sus padres o a los que aman
Y no saber en qué caminos de la existencia vagan sus espíritus,
O puede tener hermanos o hermanas, o menores u otros parientes,
A quienes no ha visto desde su nacimiento e infancia.

Pero si esculpe o pinta la imagen de este Bodhisattva
Y reside en él, venerándolo, sin quitar los ojos de él por un momento,
E invoca su nombre continuamente durante tres semanas,
Entonces este Bodhisattva manifestará su entidad ilimitada,
Revelando el reino donde los parientes del suplicante han renacido.
Y aunque hayan caído en caminos malos de la existencia, pronto escaparán y abandonarán esos caminos.
Si es posible que el suplicante no retroceda de su determinación original,
Entonces él será tocado en la cabeza y recibirá la profecía sagrada.

Si alguien desea cultivar el Bodhi Insuperable,
O incluso desea escapar y abandonar el sufrimiento de los Tres Reinos,

Y si esta persona ya ha establecido su mente para ser compasiva,
Primero debería contemplar y venerar la imagen de este Mahasattva.
Luego todos sus deseos pronto se harán realidad,
Y ningún obstáculo kármico lo restringirá o lo detendrá jamás nuevamente.

Alguien puede resolver leer los Sutras,
Deseando liberar a todos los seres confundidos para que lleguen a la Otra Orilla.
Sin embargo, a pesar de este deseo, tan inconcebiblemente compasivo,
Pronto olvida lo que leyó, y mucho se pierde.
Es porque esta persona tiene karma que la bloquea y la engaña
Que no puede aprender de memoria Sutras Mahayana.

Debe, entonces, ofrecer incienso y flores a Ksitigarbha,
Vestidos, alimentos y toda clase de cosas interesantes,
Y debe colocar agua pura frente a la imagen de este Mahasattva,
Y después de un día y una noche, orar reverentemente y beber el agua.
Debe establecer su mente para ser serio y sincero,
Evitando cuidadosamente las cinco plantas punzantes,
Evitando cuidadosamente el alcohol, la carne, la conducta sexual impropia y las palabras falsas,
Absteniéndose cuidadosamente de matar - todo esto durante tres semanas.

Al mismo tiempo, también debe, sin cesar, pensar de todo corazón en este Mahasattva e invocarlo,
¡Pronto verá en sus sueños al Ilimitado!
Y una vez despierto, obtendrá agudeza de oído,
De modo que todas las enseñanzas de los sutras, una vez que lleguen a sus oídos,
Nunca serán olvidadas, ni siquiera durante miles de miríadas de vidas.
Es porque este Mahasattva es tan inconcebiblemente compasivo,
Que él causa que sus suplicantes logren esta clase de sabiduría.

Aquellos seres sintientes pobres, indigentes y plagados de enfermedades
Cuyas hogares se vuelven decadentes, cuyos parientes se dispersan,
Que en el dormir y soñar están inseguros,
Cuyas plegarias nunca son respondidas, -sino que más bien siempre ocurre exactamente lo opuesto de lo que se desea-
debe concentrarse de todo corazón en la imagen de Ksitigarbha y venerarlo.

Entonces todas las cosas malas desaparecerán totalmente,
Hasta que en el sueño se siente seguro.
Ellos tendrán abundancia de vestimenta y alimento así como la protección de las deidades y los demonios.

Cualquiera que desee escalar una montaña, ingresar en

un bosque o cruzar los mares,
Donde sea que haya pájaros y bestias venenosas, malas personas,
Deidades malas, demonios maliciosos, vientos desfavorables,
Toda clase de calamidades y toda suerte de otras molestias,
Sólo debería concentrarse, venerar y hacer ofrendas a la imagen del Bodhisattva Mahasattva Ksitigarbha,
Y entonces en esa montaña, en ese bosque o en esos vastos océanos,
Todos esos males se desvanecerán completamente y desaparecerán.

Contemplador de los Sonidos de los Mundos, escucha cuidadosamente lo que estoy diciendo,
Ksitigarbha, trabajando incesantemente, es inconcebible.
Incluso una descripción de sus poderes y actos que dure cientos de miles de miríadas de kalpas no se extinguirá.
Debes declarar y extender universalmente estos poderes del Mahasattva.

Si las personas escuchan el nombre de Ksitigarbha,
O incluso si ven su imagen, lo reverencian,
O le hacen ofrendas de incienso, flores, vestidos, comida y bebidas,
Ellas disfrutarán, durante cientos de miles de kalpas, de felicidad maravillosa.
Y si ellas dedicaran esta bienaventuranza para el beneficio de todo el Reino del Dharma,
Finalmente trascenderán el samsara y lograrán la Budeidad.

Por consiguiente, Contemplador de los Sonidos de los Mundos, sé consciente de todo esto, y déjalo conocer y destacar universalmente en las tierras tan numerosas como los granos de arena del Río Ganges.

Capítulo XIII

La Encomienda a los Seres Humanos y Dioses

En ese momento, el Honrado por el Mundo levantó su brazo de color dorado, volvió a frotar la coronilla del Bodhisattva Mahasattva Ksitigarbha, pronunció las siguientes palabras: "Oh Ksitigarbha, Oh Ksitigarbha, tu poder milagroso es inconcebible, tu compasión es inconcebible. Y así es tu sabiduría. Y así es tu elocuencia. Permite que todos los Budas de todos los rincones de las Diez Direcciones hablen de tus cualidades inconcebibles y las elogien, aunque ellos no puedan agotar el número de ellas ni siguiera después de miles de miríadas de kalpas.

"Oh Ksitigarbha, Oh Ksitigarbha, recuerda que hoy en el Palacio de Triyastrimsha, en medio de la congregación de todos los cientos de miríadas de millones de inexpresables cantidades de Budas y Bodhisattvas, junto a las ocho categorías de seres, incluyendo a los devas y nagas, yo, una vez más, te enmiendo y confío a ti a esos seres sintientes -tales como seres humanos y devas- que aún no han escapado o trascendido los Tres Reinos y aún están prisioneros en la casa en llamas. No dejes que esos seres sintientes caigan y permanezcan en los caminos malos de la existencia ni un día ni una noche, y mucho menos que caigan en el Infierno Avichi, simplemente permaneciendo allí durante miles de miríadas de millones de kalpas sin una fecha para su absolución.

"Ksitigarbha, todos los seres sintientes en Jambudvipa son impredecibles en sus voluntades y disposiciones. La mayoría de ellos está acostumbrada a las malas acciones. Aun si deciden hacer el bien, pueden retirarse de sus buenas intenciones en un instante. Si se encuentran con alguna condición desfavorable, sus malas voluntades se incrementan y se intensifican momento a momento. Por esta razón, yo me transformo en cientos de miles de millones de otras formas para liberarlos y salvarlos de acuerdo con sus respectivas raíces y disposiciones.

"Ksitigarbha, en este momento sinceramente te recomiendo a ti a las multitudes de devas y seres humanos. En tiempos futuros, si algún deva o algún buen hombre o alguna buena mujer plantara siquiera una mínima raíz en el Buddhadharma -sin importar si es sólo del tamaño de una gotita de agua, de un grano de arena, de la punta de un cabello o de una mota de polvo- debes aplicar tu poder para apoyar y proteger a ese ser para que pueda gradualmente llegar a trabajar en la Cultivación Insuperable. No dejes que ni siquiera sufra cualquier pérdida o retroceso.

"Además, Ksitigarbha, en tiempos futuros, si algún deva o ser humano cae en un camino malo de la existencia según su retribución kármica, y si él también, como está por caer en ese camino malo o está por aproximarse a la entrada de cualquier infierno, es capaz de recitar el nombre de un Buda o de un Bodhisattva, o es capaz de recitar una oración o un gatha de cualquier Sutra Mahayana, tú debes aplicar tus poderes milagrosos y recurrir a alguna conveniencia para rescatarlo; y, manifestando tu entidad ilimitada en el lugar donde está esa persona, destruir el infierno para su beneficio, permitiéndole así ascender al cielo para disfrutar de una felicidad extraordinariamente maravillosa".

Entonces el Honrado por el Mundo pronunció el siguiente gatha:

Las multitudes de devas y seres humanos del presente y del futuro,
Ahora te las confío sinceramente a ti
Para liberarlas con tu poder grande, milagroso, y tus medios hábiles,
De modo que ellas nunca puedan caer nuevamente en los caminos malos de la existencia.

En ese momento, el Bodhisattva Mahasattva Ksitigarbha se arrodilló con las palmas de sus manos unidas y se dirigió al Buda, diciendo: "Honrado por el Mundo, por favor no se preocupe. En tiempos futuros, si algún buen hombre o alguna buena mujer tienen al menos un pensamiento de reverencia por el Buddhadharma, recurriré a cientos de miles de conveniencias para liberar y salvar esa persona lo más pronto posible a esa persona del samsara. Esto es sin mencionar a esos buenos hombres y buenas mujeres que habiendo escuchado todos estos actos virtuosos, practican sin cesar momento a momento y que, naturalmente, nunca retrocederán del Camino Insuperable de la Iluminación".

Cuando estas palabras fueron concluidas, un Bodhisattva de la congregación llamado Tesoro del Espacio Vacío (Akasagarbha) se dirigió al Buda, diciendo: "Desde mi llegada al Cielo Triyastrimsha, he escuchado al Así Venido elogiando el poder majestuoso del Bodhisattva Ksitigarbha como siendo inconcebible. En tiempos futuros, ¿cuántas clases de beneficios lograrán cualquier buen hombre o buena mujer, o incluso cualquier deva o naga, si escuchan este Sutra o el nombre de Ksitigarbha o miran reverentemente y veneran su imagen? Sólo se espera que usted, Honrado por el Mundo, ofrezca un relato breve de estas cosas para el beneficio de todas las multitudes de seres sintientes del presente y del futuro".

El Buda le dijo al Bodhisattva Tesoro del Espacio Vacío: "¡Escucha atentamente, escucha atentamente! Porque ahora te contaré sobre esos beneficios uno a uno. En tiempos futuros, cualquier buen hombre o buena mujer que vea la imagen de Ksitigarbha y escuche este Sutra, y además, lo lea y lo recite, y que done incienso, flores, bebidas, alimentos y vestidos, y tesoros preciosos como donaciones y ofrendas, además de elogiar y venerar al Bodhisattva Ksitigarbha, logrará veintiocho clases de beneficios, a saber:

1. Protección y atención de devas y nagas;
2. Incremento diario de fruición virtuosa;
3. Acumulación de causas sagradas y elevadas;
4. No retroceso del camino de Bodhi;
5. Abundancia de vestimenta y alimento;
6. No ocurrencia de enfermedades o epidemias;
7. No ocurrencia de las calamidades causadas por el agua y el fuego;
8. No hostigamiento por robo o hurto;
9. Admiración y respeto de todas las personas que uno encuentre;
10. Ayuda y apoyo de deidades y demonios;
11. Transformación del cuerpo femenino en masculino al renacer;
12. Ser la hija de un ministro real si renace como mujer;
13. Posesión de una forma digna y agraciada;
14. Renacimiento frecuente en los reinos celestiales;
15. A veces convertirse en emperador o rey;
16. Posesión de la sabiduría de conocer sus vidas previas;
17. Todas las plegarias serán respondidas;
18. Deleite y felicidad para los miembros de su familia;
19. Eliminación de todos los acontecimientos inesperados y desagradables;
20. Erradicación total de los caminos kármicos de la vida;
21. Siempre llegará a destinos sin obstáculos;
22. Siempre se sentirá seguro y deleitado en sus sueños;
23. Eliminación del sufrimiento de los parientes muertos;
24. Renacimiento en la fortaleza de la bienaventuranza previa;
25. Elogios de los Santos;

26. Posesión de inteligencia ingeniosa y facultades agudas;
27. Plenitud de misericordia, piedad y compasión;
28. Logro final de la Budeidad.

"Además, Bodhisattva Tesoro del Espacio Vacío, en el presente o en el futuro, si cualquier deva, naga, deidad o demonio escuchara el nombre de Ksitigarbha, venerara la imagen de Ksitigarbha o simplemente escuchara sobre los votos fundamentales y las acciones de Ksitigarbha y si al mismo tiempo lo elogiara, lo alabara, lo contemplara y lo venerara, entonces ellos lograrían siete clases de beneficios, a saber:

1. Rápido progreso en los niveles santos, sagrados, del logro;
2. Eliminación y desaparición de todo mal karma;
3. Protección y atención de los Budas;
4. No retroceso del camino hacia la mente Bodhi;
5. Gran aumento de los propios poderes;
6. Completa conciencia y conocimiento de las vidas previas;
7. Logro final de la Budeidad.

En ese momento, todas las cantidades inexpresables de Budas, Tathagatas, y Grandes Bodhisattvas, así como de las ocho categorías de seres, incluyendo devas y nagas, que habían llegado de todos los rincones de las Diez Direcciones, al escuchar al Buda Shakyamuni elogiando el poder grande, majestuoso y milagroso, del Bodhisattva Ksitigarbha, como siendo inconcebible, exclamaron maravillados que nunca había habido algo como eso. En ese momento, en el Cielo Triyastrimsha, llovieron inconmensurables cantidades de incienso, flores, vestidos celestiales, perlas y collares, como ofrendas al Buda Shakyamuni y al Bodhisattva Ksitigarbha. Después de esto, toda la congregación nuevamente los reverenció y se retiró con las palmas juntas.

Fin del Sutra de Los Votos Pasados del Bodhisattva Ksitigarbha

Glosario

AGAMAS: Sutras del Pequeño Vehículo.

AJITA: otro nombre del Bodhisattva Maitreya. Tiene dos significados: "el invencible" y "el benévolo".

ANUTTARASAMYAKSAMBODHI: La Maravillosa, Perfecta e Insuperable Iluminación lograda por los Budas.

ARHAT: El que ha logrado cesar con los nacimientos y muertes involuntarios. La palabra tiene tres significados: 1. Merecedor de ofrendas. 2. Matador de ladrones (los ladrones son las aflicciones y perturbaciones). 3. No-nacido. Un Arhat permanece en el no-surgimiento de dharmas.

ASAMKHYEYA: Innumerable. Un número extremadamente grande.

AVALOKITESVARA: Uno de los Bodhisattvas más importantes. Su nombre significa "Aquél que Contempla los Sonidos del Mundo" y "Aquél que Contempla Soberanamente". Es llamado Kuan Shi In o Kuan Yin, en idioma chino.

BENDICIONES: Riqueza, longevidad, serenidad de la mente, amor a la virtud, buena muerte.

VIRTUDES: Calidez, cordialidad, respetabilidad, frugalidad, cortesía y educación.

BHIKSHU: Un monje que ha recibido la transmisión completa de las reglas del bhikshu (227- 250 preceptos, dependiendo de la escuela).

BHIKSHU / BHIKSHUNI: Monje y monja de la Orden Budista.

BODHI: Iluminación.

BODHISATTVA: De Bodhi, "Iluminación", y Sattva, "ser". Un Bodhisattva es un "ser Iluminado", diríamos, que ha resuelto lograr la Iluminación para sí mismo y para todos los seres vivientes.

BOSQUE DE JETA: (pronunciar "yeta") Un bosque de árboles localizado dentro de un parque en Shravasti, que fue donado al Buda por el comerciante Anathapindada. El bosque perteneció al Príncipe Jeta, quien lo ofreció al Buda. El Buda tenía allí un lugar para dar sus conferencias, en donde enseñó muchos Sutras.

BRAHMAN: Un miembro de la casta más alta de la India.

BUDDHA (BUDA): De Budh, despertar. El Despierto, el que ha alcanzado la Suma, Perfecta e Inigualable Iluminación. La Naturaleza Búdica es inherente a todos los seres. En la medida en que permanece sin realizar, los seres continúan siendo seres humanos; una vez que es descubierta, el ser se transforma en Buda. Hay infinitos Budas.

CIELO TRAYASTRIMSA: (Cielo de Los Treinta y Tres). Verticalmente ocupa la segunda posición entre dieciocho cielos. Su nombre proviene del hecho de que ocupa la posición central entre un grupo de cielos localizados en el mismo plano, con ocho cielos a cada uno de sus costados. El Dios de este Cielo Triyastrimsha es llamado Shakra o Indra, y es el protector del Dharma de Buda estando siempre presente en todas las reuniones del Dharma. Los cielos son una manifestación espontánea del karma y son efímeros, no son lugares permanentes para vivir. Siendo así no deben ser considerados nuestro último objetivo.

CINCO TURBIEDADES/OSCURIDADES/TURBULENCIAS: La Turbiedad ocurre cuando los atributos puros que constituyen un elemento pierden esta propiedad de pureza. Las Cinco Turbiedades son: 1. La Turbiedad del Tiempo: dividido arbitrariamente por los seres. 2. La Turbiedad de las Opiniones: Cada uno tiene sus propias opiniones, y estas no son claras. 3. La Turbiedad de las Aflicciones: También cada ser tiene sus propias aflicciones y no están claramente demarcadas. 4. La Turbiedad de los Seres Vivientes: Su estado de ser humano no está claramente definido ya que en su próxima vida pueden caer en la trasmigración. 5. La Turbiedad del período de vida de los seres: Algunos tienen larga vida, otros tienen vida corta.

CREENCIAS U OPINIONES IMPROPIAS 1. Opinión sobre el cuerpo: como siendo lo más importante de satisfacer o proteger. 2. Opinión extremista: defiende opiniones radicales de conducta. 3. Opiniones impropias: sostienen opiniones totalmente equivocadas. 4. Apegarse a opiniones impropias. 5. Mantener preceptos impropios.

CUÁDRUPLE ASAMBLEA: bhikshus, bhikshunis, upasakas y upasikas.

CUERPOS REDUPLICADOS: Ellos existen sólo como respuesta a las circunstancias creadas por los seres vivientes. Los cuerpos reduplicados del Bodhisattva Ksitigarbha son idénticos a su cuerpo original y existen debido a las necesidades de innumerables seres que renacen una y otra vez.

DEVADATA: El primo de Buda y su rival, que constantemente trataba de oponerse a las enseñanzas de Buda, y causó cismas en el Sangha. Trató de sepultar al Buda con una avalancha de piedras y lo hirió en un pie. Por haber derramado la sangre de un Buda, cayó en los infiernos.

DHARMA: Ley, regla, método, norma. Es uno de los términos clave en el Budismo; cubre una multitud de significados. 1. La enseñanza de Buda, llamada Budismo, en castellano, es llamada Budadharma (Buddhadharma), o simplemente, Dharma, tanto en chino como en sánscrito. 2. dharma: un elemento específico de la existencia psicofísica.

DHARMA DE BUDA: En cada Dharma de Buda hay tres épocas o eras: 1. La Era o Época del Dharma Apropiado: Todos los monjes y laicos practican con gran sinceridad y muchos obtienen los frutos de ésta práctica. 2. La Era o Época de la Apariencia del Dharma: Hay menos práctica y los esfuerzos se aplican en construir templos, Estupas, pagodas. Las personas buscan más bendiciones que sabiduría. 3. La Era o Época del Fin del Dharma: Es la época actual y la gente pone más énfasis en las disputas y peleas.

DHARMA (Maestro del): Un Maestro que enseña la Doctrina Budista o Budismo. Un término de respeto para dirigirse a miembros del Sangha.

DHYANA: La práctica de la meditación y la introspección, que involucra la obtención de los más altos estados de concentración. No es solo un estado de no-acción o un estado de concentración, sino que envuelve una disciplina que está claramente descripta en los Sutras. A menudo es traducida únicamente como meditación. Pero este término, en Occidente, describe solo un proceso intelectual. Dhyana es a la vez un proceso y un estado, el cual tiene poco que ver con el pensamiento convencional intelectual.

DIEZ BUENAS ACCIONES: Abstenerse de matar, mentir, de una conducta sexual inadecuada, de la codicia, del odio, de la ignorancia, del mal hablar, de robar, de la conversación fútil y del falso testimonio.

DIEZ ETAPAS DEL BODHISATTVA: "Etapas de purificación". 1. Etapa de la felicidad. 2. Etapa del abandono de las impurezas. 3. Etapa en que se emite luz. 4. Etapa de la llama de la sabiduría. 5. Etapa de lo difícil de superar. 6. Etapa de la manifestación. 7. Etapa del viaje lejano. 8. Etapa inmóvil. 9. Etapa de la Buena Sabiduría. 10. Etapa de la Nube del Dharma.

DIEZ MALAS ACCIONES: (Causantes de mala apariencia) 1. Enojarse fácilmente. 2. Sospechar y murmurar. 3. Mentir. 4. Causar discordia. 5. Faltar el respeto a los padres. 6. No respetar lugares santos. 7. Apropiarse de lo que pertenece a los Santos Seres. 8. Despreciar a los que son feos. 9. Cualquier tipo de mala conducta. 10. Golpear a otros seres vivientes.

ETAPA DE LA CAUSALIDAD: los tiempos en que las causas que llevan a un efecto fueron plantadas.

FILTRACIONES: En sánscrito, ashvara. Todo lo que aparta a los seres de su inherente Naturaleza de Buda. Se los llama así, pues son desvíos de energía y atención hacia afuera, más que hacia adentro. Estas filtraciones finalizan por la práctica de la moralidad, samadhi y sabiduría.

IGNORANCIA: El error fundamental que nos conduce a la existencia. La palabra no es usada en el sentido común de la simple existencia del no conocimiento acerca de algo. Ignorancia es la causa básica del origen de la discriminación. Es la percepción inicial, tanto de la existencia como de la no-existencia, cuando en realidad no es ni una ni la otra.

JAMBUDVIPA: Uno de los cuatro continentes de este sistema de mundos. Se localiza en el Sur y tiene la forma de un triángulo; es donde nosotros vivimos.

KALPA: Un eón. Los hay de diferentes extensiones. El kalpa básico es de 13.965 años. Mil kalpas constituyen un pequeño kalpa. Veinte pequeños kalpas constituyen un kalpa medio. Cuatro kalpas medios constituyen un gran kalpa. El período de vida de un sistema de mundos es de cuatro grandes kalpas.

KARMA: Acciones. Del sánscrito kr -, hacer. Karma no significa destino, significa las acciones que nosotros hemos realizado y las retribuciones que recibiremos por ellas.

LAS CINCO PLANTAS DE SABOR PICANTES SON: ajo - cebolla – chalotei (ascalonia) - cebollín y puerro. Ellas están prohibidas porque provocan letargo, apatía, enojo y deseo sexual.

LOS BIENES DE LOS QUE RESIDEN PERMANENTEMENTE SON: 1. Los bienes permanentes de la Sangha que no pueden ser divididos. 2. Los bienes que pueden ser compartidos por cualquier miembro de la Sangha de cualquier otro lugar. 3. Los bienes que son propiedad privada de miembros del Sangha. 4. Bienes donados por miembros del Sangha que han fallecido y pueden ser compartidos por otros miembros del Sangha.

LOS CINCO MAYORES SIGNOS DE DECADENCIA: 1. Las guirnaldas de flores usadas por los dioses se marchitan y pierden frescura. 2. Las ropas constantemente limpias que usan los dioses aparecen con aspecto sucio y gastado. 3. Los dioses no transpiran nunca, pero cuando aparecen los signos de decadencia, ellos transpiran en las axilas. 4. Sus cuerpos perfumados, huelen mal. 5. Los dioses que normalmente se sientan en samadhi, se sienten inquietos y nerviosos. Cuando todos estos signos aparecen, se producirá su caída en otro Sendero de Trasmigración como humanos, fantasmas, animales o habitantes del infierno

LOS CINCO MENORES SIGNOS DE DECADENCIA: 1. Sus voces melodiosas cambian y se hacen más graves. 2. La luz de sus cuerpos desaparece. 3. Sus cuerpos generalmente repelen el agua pero al final aparecen mojados por la lluvia. 4. Son incapaces de renunciar a ciertos estados de existencia y se apegan fuertemente a ellos. 5. Se debilitan y pierden energía. Sus ojos normalmente fijos y calmos, comienzan a manifestar signos de inquietud. En síntesis, los más importantes serían:

1- La luz de los dioses se extingue.

2- Sus guirnaldas de flores se marchitan.

3- Sus hermosas formas cambian y pierden su atractivo.

4- Sus ropas aparecen sucias y gastadas.

5- Transpiran.

6- Adelgazan mucho.

7- No pueden permanecer quietos o en reposo.

LOS CINCO SENDEROS NEFASTOS: infiernos, espíritus hambrientos, animales, humanos y dioses. A veces también se clasifican en Seis Senderos, tomando a los Asuras como un sendero. Asura: aquél cuyo temperamento se altera ante la menor provocación.

LOS QUE ESCUCHAN EL SONIDO: Shravakas. Los discípulos que escuchan la voz de Buda y comprenden el Camino. También llamados los discípulos del Pequeño Vehículo.

LOS QUE USAN ROPAS BLANCAS: los laicos practicantes en la India se vestían con ropas blancas que simbolizan la pureza.

MAHASATTVA: Un epíteto usado por grandes Bodhisattvas.

MAITREYA: Próximo Buda por venir a este mundo. Su actual existencia se desarrolla en el Cielo Tusita.

MANJUSHRI: Uno de los Bodhisattvas más importantes. Es reconocido por simbolizar la sabiduría.

MUNDO SAHA: literalmente significa "ser capaz de tolerar". Este es el nombre de nuestro mundo, porque sus habitantes deben tolerar mucho dolor y sufrimiento. Este es uno de los mundos de mayor sufrimiento.

NAYUTA: Una cantidad extremadamente grande.

NIRVANA: El perfecto reposo al que llegan los sabios Iluminados. Hay varios tipos de Nirvana, alcanzados por los sabios en distintas etapas de su Iluminación. Plena extinción de todo anhelo en el cual ya ha cesado el encadenamiento causal de vida-muerte.

NUEVE REGIONES DEL DHARMA:

1. Bodhisattvas.
2. Aquellos Iluminados a las condiciones.
3. Los que Escuchan el Sonido.
4. Dioses.
5. Hombres.
6. Asuras.
7. Animales.
8. Fantasmas famélicos.
9. Habitantes de los infiernos.

PARAMITA: Cruzar a la otra orilla. Son en general seis o a veces diez, cuya práctica sirve para transportarnos de esta orilla de nacimiento y muerte, a la otra orilla del

Nirvana. Los Paramitas son la esencia de la práctica del Bodhisattva. Paramitas o Perfecciones:

1. Danaparamita: Dana (donar bienes, Dharma o auto confianza). Paramita (concretizar una acción virtuosa)

2. Silaparamita: Sila (moralidad: no hacer lo malo, hacer solamente lo bueno).

3. Ksantiparamita: Ksanti: Paciencia (tolerar lo intolerable).

4. Viryaparamita: Virya: vigor del cuerpo y de la mente para practicar acciones benéficas.

5. Dhyanaparamita: Dhyana: Contemplación, Meditación.

6. Prajnaparamita: Prajna: Sabiduría.

PERIODO DE FLOR DE LOTO - NIRVANA: El Sutra del Maravilloso Dharma de la Flor de Loto y el Sutra del Nirvana, son las últimas enseñanzas del Gran Vehículo. Estos Sutras fueron enseñados durante los últimos ocho años de la enseñanza de Buda. El Sutra del Bodhisattva Ksitigarbha fue enseñado entre estos dos Sutras.

PODERES SOBRENATURALES: Significa el poder de la sabiduría de percibir hasta las profundidades del Universo. Ellos son seis:

1. El Poder de Percepción del Ojo Celestial: El sistema entero de billones de mundos se percibe tan claramente como una manzana en la palma de la mano.

2. El Poder de Percepción del Oído Celestial: Se puede escuchar todos los sonidos de todos los sistemas del mundo de millones de mundos, no sólo los sonidos del cielo.

3. El Poder de la Percepción de los Pensamientos del Otro: La percepción de los pensamientos de otra persona antes de ser aún manifestados.

4. La percepción de vidas pasadas.

5. La obtención de logros espirituales.

6. El poder de extinguir totalmente los apegos. La razón por la cual no llegamos a ser Buda es porque tenemos apegos y continuamente dispersamos nuestras energías en el Triple Mundo del Deseo, Forma y No-forma. El Apego proviene de la ignorancia y es característico de las nueve regiones del Dharma: (Bodhisattvas, Los que Escuchan el Sonido, Pratyekabuddhas, dioses, humanos, asuras, animales, espíritus hambrientos y habitantes del infierno).

PRANIDHANA: Voto, resolución. Los Votos son parte del equipo esencial en el cultivo del camino del Bodhisattva. El Bodhisattva Ksitigarbha es conocido por el poder de sus Votos.

PRATYEKABUDDHAS: Aquellos que alcanzan la Iluminación a través de la contemplación de las cadenas del eslabón de la causalidad. Específicamente se refiere a los doce eslabones de la coproducción condicionada.

REGIÓN DEL DESEO: La más baja de las tres divisiones de este mundo. Está habitada por seres, desde los infiernos hasta las seis primeras regiones de los dioses, y se caracteriza por la presencia del deseo burdo. Incluye la región de los seres humanos.

REGIÓN DE LA FORMA: Segunda de las tres regiones. Se caracteriza por la forma, pero sin deseo. Habitada por diversos tipos de seres divinos.

REGIÓN DE LA NO FORMA: Tercera de las tres regiones. Caracterizada por la carencia de todo tipo de forma. Habitada por los más elevados dioses y sabios.

SAHA: El nombre del mundo en que vivimos. Significa "capaz de ser soportado", porque los seres de este mundo son capaces de soportar mucho sufrimiento.

SAMADHI: Estado de concentración alcanzado a través de la práctica de varias puertas del Dharma. Hay numerosos samadhis.

SANGHA: La comunidad de discípulos budistas que se han apartado de sus vidas de laicos y han recibido la ordenación tradicional bajo los procedimientos establecidos por Buda. Incluye también a upasakas y upasikas.

SEIS SENDEROS: Dioses, hombres, asuras, animales, espíritus hambrientos y seres infernales.

SERES SOBRENATURALES PROTECTORES DEL DHARMA: Devas (seres celestiales o dioses), nagas, yakshas, gandharvas, asuras, garudas, kinnaras y mahoragas. - Nagas: Se puede traducir como serpiente, dragón o elefante. Comúnmente traducido como dragón. Puede manifestarse u ocultarse, crecer o disminuir; en primavera se eleva al cielo y en invierno penetra en las profundidades de la tierra. Son considerados benéficos, traen lluvias y son guardianes de los cielos; controlan ríos y lagos. - Yakshas: Demonios de la tierra, del aire o de los cielos inferiores; son violentos y malvados devoradores de carne humana. - Gandharvas: Los dioses de la música y de la fragancia. Ej.: Los músicos de Indra. - Asuras: Demonios enemigos de los dioses, están siempre luchando con ellos y pueden renacer en cualquier vía de reencarnación. - Garudas: El rey de los pájaros con alas doradas. Un ave mítica, jefe de los seres con plumas y enemigo de las serpientes, uno de los vehículos de Vishnu. Se lo asocia con el Ave Fénix. - Kinnaras: Seres míticos, los músicos de Kusera, con cuerpos de hombre y cabezas de caballo. Una de las ocho clases de músicos celestiales; son también descriptos como poseyendo cuernos y ejecutando música en laúdes de cristal. Las formas femeninas cantan y danzan. - Mahoragas: Son un tipo de demonios con grandes barrigas. Se los representa también con cuerpos de boas: demonios boa.

SHAKRA: Dios-jefe del Cielo Triyastrimsha. También conocido como Indra.

SHASTRA: La segunda de las tres divisiones del Canon Budista. Consiste en los discursos y comentarios sobre el Dharma, de distintas personas que expusieron diferentes teorías e interpretaciones del material encontrado en los Sutras. Los Shastras se refieren a la sabiduría.

SHRAMANA: Un bhikshu. Con diligencia cultiva moralidad, samadhi y sabiduría, y se despoja del apego, el enojo y la ignorancia.

SHRAVAKAS: Quienes Escuchan el Sonido. Discípulos de Buda que al oír su voz comprenden la Doctrina.

SHURANGAMA MANTRA: Un poderosos mantra contra los demonios y las fuerzas del mal, el cual figura en el Sutra Shurangama.

SIETE TESOROS que se obtienen de la práctica:

1. Fe,
2. moralidad,
3. aprendizaje,
4. donación,
5. sabiduría,
6. sentido de vergüenza,
7. sentido de remordimiento.

SKANDHAS: También llamados 'agregados'. Constituyentes de la unidad psicofísica que nosotros confundimos por personalidad. Forma, sentimiento, pensamiento, volición y conciencia, son los cinco skandhas, los que consisten de un número de elementos impersonales llamados dharmas.

SHANGARAMA: Es todo lugar o templo donde existe una imagen de Buda. Es un lugar puro.

SHRAMANAS: Budas, Bodhisattvas, monjes virtuosos y Arhats.

SUMERU: La montaña eje de nuestro mundo.

SUTRA: Discursos del Buda dados a los miembros de su comunidad. La primera de las tres divisiones del Canon Budista.

TRAYASTRIMSA (cielo): El segundo de los seis cielos en la Región del Deseo. Este es el Cielo en el cual este Sutra fue enseñado.

TRES MIL GRANDES MUNDOS: Un mundo está compuesto por un monte Sumeru, un sol, una luna, cuatro grandes continentes y los varios mares y océanos que lo rodean. Mil de estos mundos forman un sistema pequeño de mil mundos. Mil de estos sistemas pequeños de mil mundos, forman un sistema medio de mil mundos. A su vez, mil sistemas medios de mil mundos forman un gran sistema de mil mundos. Este grupo de mundos es usualmente llamado "los tres mil grandes sistemas de mil mundos", para indicar que está compuesto por pequeños grupos.

TRES VEHÍCULOS KÁRMICOS: Cuerpo, boca y mente.

1. Las malas acciones realizadas con el cuerpo son: matar, robar y conducta sexual inadecuada.

2. Las malas acciones del habla son: la conversación vulgar (sobre temas impropios), la mentira, utilizar palabras groseras, y falsedad (levantar falso testimonio).

3. Las malas acciones de la mente son: codicia, odio y estupidez.

TRIPLE JOYA: Buda, Dharma y Sangha.

TRIPLE MUNDO: La región del deseo, la región de la forma y la región de la no-forma.

UPASAKA: El que ha tomado refugio en la Triple Joya.

VINAYA: La tercera de las tres divisiones del Canon Budista. Consiste en las reglas de disciplina y entrenamiento (del Sangha). El Vinaya se refiere a la moralidad.

YAKSHA: Tipo de fantasma que se desplaza muy rápido llevando mensajes entre las diferentes regiones de este mundo, debido a su gran velocidad.

YOJANAS: Medida de longitud.

Apéndice I
Prácticas del Bodhisattva Ksitigarbha

La Práctica

Es bueno para recitar diariamente la Oración y el Sutra [después del mantra] de Ksitigarbha y la oración que he añadido abajo. A veces puede recitar una larga alabanza a Ksitigarbha salida del corazón, luego de la oración, si es posible.

Oración:

Me postro, me refugio, y hago ofrendas, a el Bodhisattva Ksitigarbha, que tiene compasión de mí y para con todos los seres vivos (cuyas mentes son oscuras y que están sufriendo), que tiene cualidades como el cielo y libera los seres sintientes de todos los sufrimientos y le da toda la felicidad. (Recita tres veces.)

Con las manos cruzadas en la postración, se puede visualizar haciendo las postraciones a todos los Budas y Bodhisattvas, el dicho de la palabra "postración" se convierte en la postración. Cuando dices la palabra "Refugio", piense que usted está pidiendo estar libre de los dos oscurecimientos (para poder alcanzar la iluminación). Cuando dices la palabra "ofrenda", cree que todas las ofrendas que tienes a continuación se ofrecen. Cuando se le pide por las bendiciones, piense en su mente que todo el camino hacia la iluminación es la bendición a recibir.

Mantra: OM HA HA HA VISMAYE SVAHA

Esto es especialmente beneficioso para aquellos que tienen problemas fuertes, problemas de salud graves, grandes proyectos o dificultades financieras. Yo sugiero que es este mantra se recite todos los días, por lo menos cuatro o cinco veces o más, dependiendo de lo importante que [el problema] es, también, y para su protección. Incluso para cultivar el bien y para proteger las tierras y los cultivos. Se explican en el Sutra los amplios beneficios y cualidades, como el cielo, del Bodhisattva Ksitigarbha. Ha habido experiencias, y beneficios similares percibidos por quienes practican de acuerdo con este Sutra del Bodhisattva Ksitigarbha.

Apéndice II
¿Qué es la Chinsei Hikari Bukkyo Kai?

Quienes somos

La Chinsei Hikari Bukkyo Kai, que significa Templo Budista de la Luz Serena, es una organización basada en el Budismo Japonés, que se dedica a llevar la palabra del Buda y sus enseñanzas atravéz de Puerto Rico y el Caribe, por medio de reuniones de diálogo, cursos y talleres.

Historia

La Chinsei Hikari Bukkyo Kai fue fundada por Juan Laborde Crocela y Alvin Montañez Schilansky el 15 mayo del 2010, como el resultado de una inquietud de sus fundadores por la escasez de enseñanzas budistas reales en el idioma español, y por la creciente comercialización del Dharma en los Estados Unidos y el Occidente. Desde sus inicios, ha visto que las artes marciales japonesas, con su alto contenido de enseñanzas morales y éticas, basadas en el Budo y en el Budismo, podían ser el vehículo para lograr un cambio en nuestra sociedad, la cual esta cada vez mas sumida en la oscuridad de la ignorancia.

La Organización abarca una serie de proyectos, que incluyen no solo la enseñanza de las artes marciales japonesas, sino también una serie de artes culturales japonesas como el Shodo (caligrafía) y pinturas en Sumi, el arte y la ceremonia del Té, el Ikebana (arreglo de flores), la meditación y la creación de un Templo Budista, donde se ordenan a aquellas personas que quieren tener un mayor compromiso con el Dharma.

Misión

El norte de la organización es y será siempre el llevar las enseñanzas del Buda a la sociedad, sobretodo a los jóvenes, para mejorar la situación actual que vivimos.

Actividades

La Chinsei Hikari Bukkyo Kai cuanta con una serie de actividades que incluyen: Reuniones de Dialogo, Cursos, Charlas y Talleres sobre meditación, el Dharma y el Budo.

Las Reuniones de Dialogo son llevadas a cabo por el Sangha de Puerto Rico, y se reúnen periódicamente para lograr que todos sus miembros tengan una buen fundamento en el Dharma y como ponerlo en acción en sus vidas. Los cursos y talleres son dados de acuerdo a la necesidad de los mismos.

Artes Culturales y Japonesas

Además de ensenar caligrafía japonesa, el arte y la ceremonia del Te, Ikebana, meditación y artes marciales, la Organización se reúne cada día festivo Shinto y Budista para celebrar los ciclos del año y brindar un refugio temporero al ciclo cotidiano de nuestras vidas comunes.

Artes Marciales

La organización reúne dentro de si, una serie de escuelas de artes marciales japonesas. Entre las mismas, se ensena el arte de la espada japonesa: Batto, Iaido y Kenjutsu, al estilo del Muso Jikiden Eishin Ryu, bajo la Jikishinkai Internacional y la Shin Ryu Do; además de defensa personal y jujitsu. También enseña el arte del ninja, bajo la Koga Yamabushi Dux Ryu Ninjutsu de Frank Dux.

Contacto

Si deseas aprender más sobre el Budismo y las Artes Marciales Japonesas, puedes enviar un correo electrónico a:
templоluzserena@gmail.com

Sobre el Traductor

Myoren, ha estudiado Budismo, religiones y filosofías de todo el mundo desde muy temprana edad. Se interesó en el Budismo desde que se sintió insatisfecho con sus peregrinajes espirituales, llevándolo a estudiar con diversos maestros. Ha estudiado Rinzai Zen, Budismo Shin y Budismo de la Nichiren Shu. Actualmente es maestro de Budismo Tendai y Shin.

Es co-fundador de la Chinsei Hikari Bukkyo Kai, una organización budista que incorpora elementos de todas las escuelas de Budismo japonés, al igual que artes culturales y artes marciales japonesas, la cual imparte talleres y cursos dedicados a llevar el Dharma en Puerto Rico y el Caribe.

Dado a la escasez de centros de enseñanza budista en la Isla, Myoren y Juan LaBorde se emprendieron a la tarea de crear una organización que sirva de escuela, para ensenar el Budismo japonés en toda la Isla y el Caribe, al igual que otras artes culturales japonesas como la caligrafía japonesa, el arte del te y de arreglo de flores, para educar mejor a las nuevas generaciones en los principios éticos y morales que tanto le hacen falta, y así mejorar la situación en la sociedad.

Reside en Puerto Rico, donde enseña artes marciales japonesas y ayuda a crear una pequeña comunidad budista. Es el Autor de "El Árbol de la Iluminación: Una Introducción a las Enseñanzas del Buda"; "El Buda: Una Biografía Mahayana", ambos disponibles en Amazon.

Kanmon Personal del Autor

Verso de Transferencia de Meritos

"Que los meritos y las virtudes acumuladas por este trabajo, adornen las tierras Puras de los Budas, repagando los cuatro tipos de gratitud debidos, y ayudando a aquellos sufriendo en los Caminos Bajos. Que todos los que vean o escuchen el Buddhadharma, se propongan alcanzar la Iluminación, y que cuando este cuerpo de retribución llegue a su fin, renazcamos todos en la Luz de Infinito Amor y Compasión".

Made in the USA
Lexington, KY
28 March 2014